KB180157

인문학적 상상력

홍병선·서민규·최현철·김장용·최수정
이재덕·이수경·이승재·유정원·강지연
박지연·김아름·김윤지·오세강·서혜윤

어문학사

머리말

　우리는 인문학을 유용성의 측면에서 볼 때 우리의 삶에 실질적으로 아무런 도움이 되지 않는다는 편견 내지 선입견을 품고 있다. 하지만 인문학 교육을 중요시하는 선진국의 교육 시스템과 우리나라의 교육시스템을 비교해 보면 우리가 왜 이러한 편견 내지 선입견을 품게 되는지에 대한 이유를 알게 된다. 그러한 편견을 형성하게 된 근본적인 이유는 '인문학 교육'이 있느냐 없느냐의 차이와 인문학 교육을 어떻게 시행하고 있느냐의 차이에서 비롯된다. 우리의 경우 일제 치하 이후로 추정되는데, 모든 공교육에서 인문학 교육이 슬그머니 사라졌다는 사실이다. 이는 곧 시키는 일밖에 할 줄 모르는 일꾼 내지 산업 역군을 양성하기 위한 것을 목적으로 하는 교육 시스템에 근거하고 있기 때문일 것이다.

　지혜의 보고로서의 인문학이 담고 있는 가치를 염두에 둔다면 인문학에서 제기하고 있는 물음과 그 속에 담고 있는 지혜는 과거에도 그랬지만 지금도 유효하고 앞으로도 여전히 그럴 것이다. 우리의 삶에 아무런 도움이 되지 않는다는 일반적인 평가는 인문학의 가치에 대한 평가절하이거나 지배를 위한 논리를 아무런 반성 없이 받아들인 결과이거나 둘 중 하나일 것이다. 이러한 고정 관념에서 탈피하기 위해서라도 우리는 인문학을 해야 한다는 결론이 나온다.

인문학은 인간의 본성에 대한 해명을 바탕으로 삶의 가치와 좌표를 정하는 데 결정적으로 이바지한다. 특히 인문학적 상상력을 통해한 개인과 개인을 둘러싼 세상의 여러 현실적 문제에 대한 답변의 가능성을 확보할 수 있다는 점에서 인간과 세계에 대한 통찰을 가능하게 해주는 인문학을 근간으로 하지 않고서는 우리가 지향하는 미래 지향적 가치는 확보될 수 없다.

이 책이 세상에 나올 수 있었던 계기는 2013년 1학기 중앙대학교 산업·창업경영대학원 문화예술경영학과 전공 수업에서 '인문학적 상상력'이라는 주제로 원생들과 세미나를 실시한 것에서 비롯된다. 세미나를 시작하면서 세미나 성과물을 『인문학적 상상력』이라는 책으로 출간한다는 강의 계획을 밝혔고, 각자의 관심 분야에 따라 발표 주제를 부여했다. 세미나를 진행하면서 원생들의 관심이 각자 다른 것은 물론 지금까지 강의를 토대로 책을 출간한 경험이 없는 관계로 출간 계획에 대해 의아해하거나 과연 계획대로 될 수 있겠냐는 의구심을 갖기도 했다.

하지만 한 학기를 거치면서 '인문학적 상상력'이라는 전체 주제에 맞추어 학생들은 잘 따라 주었고, 각자 맡은 주제에 대해 최선을 다해 발표하였을 뿐만 아니라, 발표 성과에 대한 지속적인 수정과 보완 또한 게을리하지 않았다. 각자 맡은 인문학의 주제들에 대해 원생들 나름대로 고민하고 생각해 오기는 했지만, 막상 한 편의 글로 만드는 데 있어서는 절대 쉽지 않다는 것을 뼈저리게 느낄 수 있었다는 원생 들의 투정을 워크숍에서 확인할 수 있었다. 그럼에도 불구하고 원생 들은 각종 자료를 근거로 자신이 맡은 주제에 대해 나름의 분석과 평 가를 통한 연구를 수행하면서 최선의 노력을 기울인 것은 물론 발표 전 담당교수와 검토를 거친 후 발표 및 토론을 거치고 또다시 수정을 거듭하는 과정을 거쳐 한 권의 책으로 결실을 보게 된 것이다. 물론 계획된 기간 내에 출간할 수 있게 하려고 책의 수준을 유지하는 작업 에 최선의 노력을 기울인 점도 아울러 밝혀 둔다. 김장용, 서민규, 최 현철 교수님의 글과 최수정 선생님의 글은 각 분야의 전문성을 고려 하여 인문학적 상상력에 대한 논의를 보다 심화시키기 위하여 별도로 요청한 글이다. 바쁜 와중에도 원고를 선뜻 보내주신 점 이 지면을 빌려 감사를 표한다.

하지만 제시된 논의로 '인문학적 상상력'에 대한 충분한 논의가 이루어졌다고 생각하지는 않는다. 다만 인문학에 대해 보다 폭넓고 심도 있는 논의를 위한 계기를 마련한 것만으로도 이 책의 소임을 어느 정도 한 것으로 여기고자 한다. 끝으로 어려운 출판 현실에도 불구하고 이 책이 나올 수 있도록 힘을 실어주고 적극적으로 도와준 어문학사 윤석전 대표님께 깊은 감사를 드린다.

2013년 7월
내리 연구실에서 저자를 대표하여
홍병선

차례

제 **1** 부

인문학과 인문교육

1_장 왜 인문학인가

이수경

1. 인문학의 위기와 인문학 열풍

몇 년 전부터 대학과 기업 그리고 사회를 중심으로 거센 바람을 일으킨 '인문학 열풍'이 지금도 계속 이어져 오고 있다. 2006년경 고려대학교 교수들이 '인문학의 위기'를 선언[1]한 이후 인문학 위기에 대한 찬반양론이 지속적으로 이어져 왔다. 당시 인문학 위기의 문제는 교육부의 학과 통폐합에 따른 열병쯤으로 이해할 수 있겠지만, 최근 들어 부는 인문학 열풍은 그와는 근본적으로 차원이 다른 것 같다.

최근 인문학에 대한 새로운 '바람'과 사회적 관심은 고사 직전에 몰린 '인문학 구하기'의 일종은 아닌 듯하다. 그렇다면 이러한 일련의 현상에 대해 어떻게 받아들여야 하는가? 인문학의 위기가 인문학을 업으로 삼는 사람들의 생계 문제라고 여긴다면, 우리는 여기에 과연 더 이상 동조할 이유가 있는가 하는 점이다. 결코, 그럴 이유는 없을 것이다. 인문학에 대한 진단이 분명하지 않을 경우에 초래되는 상황이 앞에서 언급한 국내의 상황과 잘 맞아떨어지는 경우라고 생각할 수 있다. 말하자면 인문학의 위기가 국가 전체의 위기로 이어질 수 있는 상황을 인문학을 업으로 삼는 사람들의 생계 문제로 맞바꿀 수 없기 때문이다. 그렇다면 소위 인문학의 위기라고 일컫는 데 대한 보다 엄밀한 진단의 필요성은 바로 여기에서 비롯된다.

2000년 초중반 미국에서 경제 위기가 닥쳤을 때, 당시 정부 및 대학에서 취한 조치는 인문학, 특히 철학에 주목하면서 대대적으로 커리큘럼을 조정하고 각종 자격시험에 철학 관련 과목을 채택하는가 하면 대학에서는 필수과목으로 인문학 관련 교과목을 채택하는 경우가 많았던 것을 우리는 기억하고 있다. "왜 그런 조치를 취했을까?"라는 의문이 들기도 했는데 그 이유는 간단하다. 기술과 기교, 기능 중심의 교육으로는 미래지향적인 가치를 확보할 수 없으리라는 것을 그들은 정확하게 인지하고 있었던 것으로 보인다. 창의적 인재는 마르지 않는 샘물과 같은 지속적인 아이디어 창출 능력에서 비롯된다는 사실을 그들은 분명하게 깨닫고 있었던 것이다. 말하자면 응용학문 분야에서 새로운 아이디어를 창출해 낸다는 것은 극히 제한적인데 비해 인문학은 그렇지가 않기 때문이다. 이를 경제적인 관점에서 보았을 때 이제 팔아먹을 수 있는 것이 고갈되었기 때문일 것이다.

모든 가치의 생산성이 사람에게서 비롯된다고 했을 때, 기존 교육 시스템으로는 가치 창출을 위한 토대의 구실을 할 수 없으리라는 판단에 따른 조치임에 충분히 짐작할 수 있다.

소위 인문학의 위기와 관련하여 우리는 다음과 같은 물음, 즉 "인문학이란 무엇인가?", "왜 인문학인가?", "인문학이 우리에게 무엇을 기여해 줄 수 있는가?" 등에 대한 답변을 통해 최근 인문학 열풍에 대한 실마리를 찾을 수 있을 것이다.

2. 인문학 제자리 찾기

지난 2005년은 '인문학 열풍'의 원년이었다. 당시 인문학 공부와 인문서 다시 읽기가 사회적으로 큰 이슈가 되었다. 2005년 인문학 열풍은 그 진원지가 인문학 연구의 본령인 '대학'이나 '연구소'가 아니라, 기업과 대안 인문 공간이었다. 물론, 많은 대학들 역시 이러한 분위기에 맞추어 '인문학 열풍'에 동조하거나 휩쓸리기도 했다. 하지만 대중들과 거리가 있었던 대학을 박차고 나가 학문적으로 독립한 인문학 연구자들이 만든 대안 인문 공간이나 '실용'을 주 무기로 하는 기업들에게서 '인문학'이 번창하고 그 세가 확장되어 나갔다는 사실은 매우 아이러니하면서도 의미심장한 일이기도 하다. '아이러니하다'는 것은 인문학 바람의 진원지가 인문학의 본거지이자 주체인 대학이 아니라는 점이고, '의미심장하다'는 것은 대안적 인문학도와 기업들로 인해 한국 사회에서 '인문학'이 '핫 이슈'로 떠오르기 시작했다는 점이다.

몇 년간 뜨거운 바람을 일으켰던 인문학 열풍이 잠시 주춤하다가 다시금 불어 닥치기 시작한 것은 지난 2011년 서울대를 시작으로 해서 속속 개설된 대학들의 인문학 위주의 대학원 최고과정 개설과 일반대중을 위한 인문학 시민강좌 등에서 찾을 수 있다. 경영학이나 사회과학, 공학 등 응용학문 분야를 선호하던 것에서 인문학으로 그 선호도가 바뀌기 시작했는데, 이는 취업 트렌드의 변화 때문이라고 추정된다. 이는 기업이나 사회에서의 새로운 인재상 요구와 관련이 있는 것으로 보인다. 최근 5년 사이 약 두 배로 불어난 대안 인문 공간, 교양 과정을 강화하는 대학, 점차 강화되는 기업들의 인문학 학습 바람 등을 그 사례로 꼽을 수 있을 것이다.

최근 국내에서 불고 있는 인문학 열풍은 2000년 중반에 인문학의 위기라고 일컫던 상황과는 근본적으로 다르다. 말하자면 외적 요인이 아닌 내적 요인에 의한 열풍이라는 점에서 자생적인 것임이 분명하다. 자생적으로 발생했다는 것은 인문학 제자리 잡기의 근거가 된다는 점에서 인문학 단절의 극복과 연속성 확보로 이해할 수 있을 것이다. 여기서의 단절의 극복이란, 일제치하와 외세의 영향에 의해 단절되었던 인문학이 다시금 제자리를 찾아 나가는 과정이라고 한다면, 연속성의 확보란, 인문학을 통해 자신과 세계에 대한 통찰의 가능성 확보와 아울러 인문학 정신을 계승, 발전시킬 수 있는 계기가 마련되었다는 것을 의미한다. 여기에는 인문학에 대한 보다 본질적인 성찰이 진행되고 있었다는 점을 간과할 수 없을 것이고, 인문학이 갖는 저력에 대한 우리의 자각이 있었다는 점 역시 간과하기 어려울 것이다.

아마도 플라톤(Plato)이 생각한 이상국가를 현실 속에 구현한 역사를 꼽으라고 한다면 그것은 우리의 역사인 '조선시대'로 여겨진다. 플라톤이 생각한 이상국가란 철인(哲人), 즉 현자(賢者)가 지배하는 시스템인데, 조선이 바로 인문 고전을 업으로 삼는 사대부(士大夫)가 통치하는 시스템인 것이다. 우리의 역사가 상당 부분 왜곡되기는 했지만, 플라톤의 이상국가 모델과 거의 일치한다는 점을 다양한 각도에서 확인할 수 있다. 말하자면 인문학을 업으로 삼는 철인들이 국가를 통치해야 한다는 논리로 이해할 수 있을 것이다. 여기에서 논쟁적인 측면은 차치(且置)해 두고라도 한 공동체와 거기에 속한 사람의 이면을 꿰뚫고 있지 못하는 자가 통치할 수 없다는 논리다. 그렇다면 한 공동체의 통치 이념을 실현하고 공동체의 미래지향적 가치를 확보할 수 있는 것은 오직 인문학에서 비롯된다는 것을 의미한다.

인문학은 인간의 본성에 대한 해명을 바탕으로 삶의 가치와 좌표를 정하는 데 결정적으로 기여한다. 특히 인문학적 상상력을 통해 한 개인과 개인을 둘러싼 세상의 여러 현실적 문제에 대한 답변의 가능성을 확보할 수 있다는 점에서 인간과 세계에 대한 통찰을 가능하게 해주는 인문학을 근간으로 하지 않고서는 인간이 지향하는 미래지향적 가치는 확보될 수 없다. 산업사회와 달리 현대 지식기반사회에서는 단순히 정보를 받아들여 이를 적용하는 데 있지 않다. 오히려 그러한 정보를 재구성하여 새로운 지식을 창출하고 응용하는 능력이 요구된다. 여기에는 주어진 복합적인 문제를 해결하고 대안을 제시하는 것은 물론 그러한 지식을 통합하여 미래지향적 가치를 확보하기 위한 능력이 요구된다는 것을 의미한다. 그러한 능력의 함양은 다름 아닌 인문학에서 비롯된다.

3. 인문학의 본래적 가치

최근까지도 국내 베스트셀러 목록에 꾸준히 오르고 있는 『정의란 무엇인가』라는 마이클 샌델(Michael J. Sandel)의 저서와 『죽음이란 무엇인가』라는 셸리 케이건(Shelly Kagan)의 저서에 대한 선호가 인문학에 대한 요구를 반영하는 것으로 보인다. 특히 『정의란 무엇인가』의 경우 공정한 부의 분배는 가능한가에 대한 물음과 부조리한 현실에 대한 성찰을 통해 자신과 무관할 수 없다는 현실 인식이 독자들의 공감을 불러일으킨 것 같다. 또한, 경제뿐 아니라, 역사와 정치, 사회, 교육 등 모든 문제와 그 해결점은 결국 인간의 본성에 대한 해명으로 귀결된다는 사실이 인문학 열풍에 대한 이유이기도 하다. 인문학은 상식적인 견지에서 당장의 효용성이 없는 비경제적인 학문으로 여길 수 있겠지만, 인간과 공동체의 본성 및 가치에 대해 해명하는 학문이라는 점에서 새로운 가치 창출의 토대가 되는 학문이다.

2000년대 이후 많은 인문학자는 '인문학이 죽었다'고 종언을 고한 바 있다. 그 이유로 과학적 사고방식의 팽창과 물질지향주의, 기술 혹은 기능 우선주의의 확대는 인문학을 쓸모없는 비효용성의 학문으로 만들어 버렸다는 것이다. 이러한 현상에 대해 많은 인문학자는 공감했고 인문학에 대한 잘못된 이해와 곡해는 결국 재앙을 불러일으킬 것이라 공언했다. 그래서 그들은 인문학이란 삶의 가치를 다루는 학문의 영역으로, 인문학의 중요 분야인 문학이나 철학 그리고 역사학이 현실적인 문제를 해결해 줄 수 없을지는 모르겠지만, 인생의 여정에서 어떠한 태도로 재화를 벌어야 하는지에 대한 가치를 깨닫게 해줄 수 있다고 역설한다. 그래서 인문학은 인간의 삶의 질을 고양하는 학문이라는 점에서 양적 잣대로 학문의 효용성을 평가할 때, 인문학은 평가 절하될 수밖에 없다고 주장한다.

물론 의미 있는 주장이고 이에 공감할 수 있는 측면이 없는 것은 아니지만, 그렇게 설득력 있게 받아들여지지 않는 것 또한 사실이다. 현재 우리는 어떤 시대에 살고 있는가? 그리고 세계 속에서 우리나라의 위상은 어떠한가? 현재 우리 국민들의 의식 수준은 어떠한가? 미래지향적인 국가경쟁력을 어디에서 확보할 수 있을 것인가? 이러한 질문에 대해 그 답변이 선행되지 않고서 마땅히 인문학은 존속되어야 한다는 식의 당위적인 주장만을 되풀이한다면 아무런 설득력이 없다. 우리가 풍요로워지고 빈곤에서 벗어나기만 하면 행복해질 것으로 생각하고 경제적 부를 위해 앞으로만 달려온 현실을 지금의 현실로 여긴다면 그것은 잘못된 판단이다. 물론 물질적 풍요로움이 가져다주는 우리의 삶은 생각했던 것보다 결코 행복하다고 할 수 없다는 주장이 틀렸다는 것은 아니다. 다만 인문학의 가치가 여기에 한정될 수 없다는 것이다. 왜냐하면, 인문학이 지니는 가치가 현실적 유용성이라는 측면과 결코 동떨어질 수 없기 때문이다.

역사적으로 인간의 삶의 문제와 무관한 학문이 존속했던 적은 없다. 물론 현실적인 효용성의 문제가 무엇이냐 하는 물음에 대해 그것이 미시적인 것이냐 거시적인 것이냐에 관한 것이 문제가 될 따름이다. 이는 인문학이 지니는 본래 가치에 대한 인식 부족으로 인해 인문학이 지니는 경제적 가치가 미시적인 측면에서 잘 드러나지 않는다는 판단에서 기인하는 것으로 보인다. 인문학은 실용학문이나 공학이 아니다. 순수 과학 없이 응용과학이나 실용기술이 존재할 수 없는 것과 마찬가지로 순수학문으로서의 인문학 없는 응용학문은 존재할 수 없다. 그래서 순수학문은 응용학문에 영향을 미칠 뿐만 아니라, 거시적인 관점에서 인간의 삶에 영향을 미치게 된다.

이 밖에도 실제로 오늘날 우리에게 닥친 수많은 복합적인 문제들을 어떻게 해결할 것이냐는 물음에 대해 개별학문에서 해결하지 못하는 것은 어떻게 보면 당연할지도 모른다. 특히 미래지향적 가치 확보와 관련된 문제라고 한다면, 그 해결 방안을 찾기 위한 대안으로 '인문학'을 요청할 수 있다. 인문학은 단순히 인간이 어떤 삶을 살아갈 것인가에 대한 방향을 제시하는 것을 넘어 인간이 추구하는 목적에 대해 그 좌표의 구실을 해준다는 점에서 유용성을 갖기에 충분할 것이고 인문학 열풍 또한 이와 무관하지 않을 것이다.

4. 인문학의 지식 생산성

인문의 어원[2]이 그렇듯이 우리는 인문학을 통해 인간 자신에 대한 이해와 역사적 식견을 얻을 수 있으며, 이웃과 함께하는 사회 속에서의 의사소통 능력 그리고 자아를 개발할 수 있는 지혜를 기를 수 있을 뿐만 아니라, 상상력, 심미적 감성, 도덕적 판단력, 논리적 사고력을 배양할 수 있다고 믿기 때문에 우리는 무엇보다 인문학을 핵심적인 학문 영역으로 받아들인다. 이 말은 인간은 인문학 공부를 통해서만 진정한 의미에서 인간다움이 실현될 수 있을 것으로 기대하기 때문일 것이다.

일반적으로 문학·사학·철학(文史哲)을 통칭하여 인문학이라고 하는데 이러한 인문학을 '기초학문'이라고도 한다. 기초학문은 사회 일선에서 직접 활용되는 학문이라기보다는 응용학문의 토대를 제공하는 학문으로 이해할 수 있다. 기초학문으로서의 인문학이 갖는 역할은 과거도 그러했겠지만, 현재도 여전히 유지되고 있다. 그러나 오늘날의 사회과학이나 자연과학도 그렇겠지만, 인문학은 단지 기초학문이라고 하더라도 응용학문을 위한 '기초'를 제공하는 것만도 아니다. 미국이나 유럽 명문대학의 경우 대부분 기초학문으로 학부가 이루어져 있어 인문학부만을 수료하고도 곧장 사회 일선에 투입되기 때문이다. 이는 필시 사회에서 요구되는 역량을 확보하는 것이 인문학을 통해서만 습득될 수 있다는 의미를 함축하는 것으로 해석할 수 있다.

그렇다면 이러한 인문학 기반 기초학문을 통해 어떠한 능력을 습득하게 되는 것일까? 이를 핵심역량이라고 했을 때, 이러한 역량은 인문학을 비롯한 기초학문이 갖는 성격을 통해 그 의미를 짐작할 수 있다. 인문학은 창의적 발상을 이끌어내는 상상력과 통섭(通涉)[3]의 자양분이다. 문학은 언어와 인간모델의 보고(寶庫)이며, 역사는 체험의 보고다. 또한, 철학은 그 모든 것을 관통하는 정신의 보고다. 경영은 철학, 문학, 종교, 역사와의 통섭을 통해 지속가능한 경영을 이끄는 경영이념, 리더십, 인재경영, 마케팅전략, 고객관리, 사회적 책임의 방향을 제시한다. 인문학은 다양한 지식과 경험을 서로 연결해 새로운 가치를 창출하는 상상력의 원천인 셈이다.

"애플(Apple Inc.)의 DNA에는 기술뿐만 아니라 인문학이 녹아 있다."라는 스티브 잡스(Steve Jobs)의 선언에는 과거에는 아예 존재조차 하지 않았던 것을 창조해 내고, 이를 통해 사람이 살아가고 세상이 돌아가는 방식을 근본적으로 변화시킨 원동력은 인문학을 근간으로 한다는 의미일 것이다. 말하자면 현대 첨단산업의 근간으로 꼽히는 문화산업에서 문화콘텐츠를 만들어 낼 수 있는 힘의 원천이 되는 상상력이나 창의력의 근간은 다름 아닌 인문학에서 비롯된다는 해석으로 이해할 수 있다. 이는 그 어떠한 기술적 혁신도 기술 그 자체를 넘어서는 상상력과 통찰력을 전제로 한다는 의미일 것이다. 원천기술의 개발을 위하여 기초과학이 중요한 것과 마찬가지로 문화산업의 발전을 위하여 인문학의 중요성이 더욱 높아지고 있다. 이제 인문학을 기반으로 하지 않고 문화산업은 경쟁력 있는 상품을 만들어 낼 수 없는 시대임이 분명하다. 국가경쟁력 제고(提高) 차원에서 문화산업이 가장 중요한 국가적 산업이 되어가는 만큼 인문학의 중요성은 더욱더 커지고 있다. 그렇다고 인문학만을 앞세우자는 말은 아니다. 어떻게 보면 실용학문의 중시 풍조는 자연스러운 현상일 수 있다. 하지만 인문학의 역할을 응용학문이 대신할 수는 없는 것이다. 물론 그 역으로도 마찬가지다. 상호 유기적인 조화 속에서 지식 생산성을 확보해야만 한다. 인문학의 인기는 날로 줄어들지만 이를 방치하는 것은 옳지 않다. 만일 그럴 경우 국가 경쟁력 확보는 물론 우리의 미래 지향적 가치를 확보할 수 없기 때문이다.

2장 인문학 교육과 인문학의 생산성

홍병선

1. 인문학, 무엇이 문제인가

전통적으로 휴머니즘의 이념을 바탕으로 한 인문학(Humanity)은 역사적으로 볼 때 인간교육의 주된 역할을 담당해 왔다. 그래서 인문학은 인간의 본성과 가치가 무엇인지에 대한 탐구와 함께 그것을 인간교육에 적용해 사회가 요구하는 이상적인, 즉 가치 지향적이고 미래지향적인 인간상을 구현하는 데 가장 핵심적인 역할을 수행해 왔다. 인문학이 인간다운 삶의 조건에 대해 규범적으로 반성하고 연구하는 학문이라고 한다면, 인문학 교육은 이러한 반성을 토대로 하여 '인간다운 삶'을 살아나갈 수 있는 성향과 능력을 길러주는 교육으로 규정할 수 있을 것이다. 즉 인간다움의 이념을 실현해 낼 수 있도록 도와주는 교육은 바로 인문학 교육에서 비롯된다고 할 수 있다.

우리는 인문학을 유용성의 측면에서 볼 때 우리의 삶에 실질적으로 아무런 도움이 되지 않는다는 편견 내지 선입견을 품고 있다. 인문학 교육을 중요시하는 선진국인 미국, 영국, 독일, 프랑스 교육 시스템과 우리나라의 교육시스템을 비교해 보면 우리가 왜 이러한 편견 내지 선입견을 품게 되는지에 대한 이유를 알게 된다. 그러한 편견을 형성시키게 된 근본적인 이유는 '인문학 교육'이 있느냐 없느냐의 차이에서 비롯된다는 사실을 알 수 있다. 우리의 경우 일제 치하 이후로 추정되는데, 모든 공교육에서 인문학 교육이 슬그머니 사라졌다는 사실이다. 이는 곧 시키는 일밖에 할 줄 모르는 바보를 육성하는 것을 목적으로 하는 교육 시스템에 근거하고 있기 때문이다. 동서고금을 막론하고 그 어떠한 역사에서도 피지배층에게 인문학을 가르친 사례는 없다. 만일 그들에게 인문학을 가르칠 경우 지배에 대한 정당성이 확보될 수 없을 뿐만 아니라, 지배층의 뜻대로 피지배층을 통치하기 어려울 것이기 때문이다. 당시에도 그랬고 그 이후에도 상당히 오랜 세월 그래 왔다는 사실을 우리는 교육사를 통해 확인할 수 있다.

우리는 지금도 여전히 이른바 주입식 교육의 폐해를 늘 지적하면서도 이를 적극적으로 바꾸려는 노력은 물론 반성조차 하고 있지 않을 뿐만 아니라, 지금도 여전히 인문학이 빠진 교육을 하고 있다. 공교육에서 인문학이 빠진 교육을 여전히 시행하고 있다는 사실은 기능 또는 기술을 가르치는 학원교육이라는 사실을 우리 스스로 인정하고 마는 셈이 될 것이다.

지혜의 보고로서의 인문학이 담고 있는 가치를 염두에 둔다면 인문학에서 제기하고 있는 물음과 그 속에 담고 있는 지혜는 지금도 유효한 것이고 앞으로도 여전히 그럴 것이다. 우리의 삶에 아무런 도움이 되지 않는다는 것은 인문학적 가치에 대한 평가절하이거나 지배를 위한 논리를 아무런 반성 없이 받아들인 결과이거나 둘 중 하나일 것이다. 이러한 고정 관념에서 탈피하기 위해서는 결국 인문학을 해야 한다는 결론이 나온다. 따라서 본질적인 가치에 대해 왜 탐구해야 하며 무엇을 위해 인문학 교육을 해야 하는지에 대해 심도 있게 고민함으로써 '미래지향적 가치'를 확보하는 것은 무엇과도 바꿀 수 없는 소중한 일일 것이다.

2. 인문교육의 힘

한 공동체 혹은 사회에서 가장 절실하고도 우선으로 요구되는 목적은 무엇일까? 그것은 아마도 그 공동체에 속한 개개인의 안녕과 행복이 무엇보다 우선되는 목적일 것이다. 이러한 목적을 달성하기 위해 인류는 끊임없이 안정된 질서를 만들고 이를 유지하려 노력해 왔다. 그러한 질서의 이면에는 예외 없이 계층의 구분이라는 방식을 통해 구성원들의 안녕과 질서를 유지해 온 것 또한 사실이다. 그런 점에서 인류 역사에서 공동체에는 어떠한 형태로건 계층이 존재해 왔다. 이러한 계층을 크게 둘로 구분해 본다면 지배계층과 피지배계층으로 나누어 볼 수 있는데, 이 두 계층은 늘 함께 공존하면서 공동체의 질서를 유지해 온 것이다. 그런데 그러한 계층의 구분 이면에는 질서를 유지하려는 방안을 특정한 계층끼리 공유해 왔다는 점이다. 말하자면 인문학을 공유한 계층과 그렇지 못한 계층이다. 인문학을 공유한 계층이 곧 지배계층을 형성해 왔지만, 이를 공유하지 못한 계층은 피지배계층을 이루어 온 것이다.

현대 사회에서의 지배계층 역시 고급 교육의 혜택을 입은 소수가 전통적인 의미의 지배계층을 대신하고 있다는 사실이다. 더 정확하게는 인문학으로 무장한 계층인 것이다. 이처럼 인문학으로 무장한 계층은 인간과 세계에 대한 질서를 꿰뚫고 지식과 재산을 소유할 수 있는 능력을 지닌 계층이라고 할 수 있다. 예를 들어 국가나 민족의 성격에 따라 계층을 구분해 볼 경우 지배계층이란 인문학을 기반으로 한 국가로서 전통적인 의미에서 식민지를 개척하고 이를 통치한 지배국이라고 한다면, 그렇지 못한 국가는 피지배국이라고 할 수 있다. 이 말은 역설적이게도 개발도상국일수록 인문학 기반 지식이 허약한 국가라는 사실을 알 수 있다.

인문 고전은 인류의 역사를 새로 쓴 진정한 천재들이 자신의 모든 정수를 담아 놓은 지식의 보고인 셈이다. 현재 세계적인 명성을 얻고 있는 석학 중에 철학이나 역사를 외면하고 자신의 연구 분야에만 매달리는 사람들은 거의 없다. 그 이유는 새로운 원리를 발견하거나 창조하는 근간은 인문학에 기반을 둔 융합적 사고에서 비롯된다는 점에서 자연과학에서의 창의적 아이디어는 자연과학에서 주어지지 않기 때문이다. 어느 학문 분야가 되었건 제기되는 물음의 성격이 궁극적으로 어디에서 비롯되었는지에 대해 확인해 보면 그 이유를 알 수 있다. 물론 그 귀결점 역시 마찬가지다. 과학법칙의 출발점을 이루는 과학적 가설은 과학자 상상력의 산물이다. 말하자면 그들이 무엇을 어떻게 상상하느냐의 여부에 따라 어떠한 이론을 확보해 낼 수 있느냐의 여부를 결정짓게 된다. 그러한 그들의 상상력은 어디에서 비롯되는가? 과학의 영역 내에서는 그러한 상상력의 확보가 불가능하다. 왜냐하면, 인간과 그 공동체 그리고 세계에 대한 총체적인 안목과 통찰 없이는 그 어떠한 상상도 제한될 수밖에 없기 때문이다. 그래서 인류 정신사를 이끌어 왔던 대부분의 선구자는 인문학적 상상력에 기반을 두어 새로운 원리를 발견하거나 창의적인 아이디어를 제시한 후, 새로운 고전을 집필하여 후대에 남겼다는 사실이다. 물론 그 토대는 인문 고전 필자들과 직간접적으로 정신적 대화의 지속을 통해 세상의 지혜와 진리를 터득하고 이를 발견해 나가는 교육을 받아왔기 때문에 그러한 창조가 가능했다.

우리 교육의 실상을 들여다보면 초·중·고를 합쳐서 무려 12년이나 교육을 받고 대학에 입학해서 또다시 4년을 배우고도 인간과 사회 그리고 세계를 꿰뚫어 볼 수 있는 능력과 창의력 넘치는 인재는커녕 심하게 말해서 바보가 되어 사회에 나온다는 지적이 어제오늘의 일이 아니다. 심지어는 대학원까지 졸업해도 마찬가지라는 점에 대해 우리는 어떻게 이해해야 하는가?

이에 대한 대부분의 지적은 창의적인 발상이 나오려야 나올 수가 없는 구조적 모순이 너무 많은 현행 교육제도에서 비롯된다는 것이다. 하지만 이러한 답변이 관점의 차이일 수도 있겠지만, 이러한 평가는 매우 중요한 지적임이 분명하다. 왜냐하면, 현행 교육 방식이 일방적인 지식 전달에만 치중할 뿐, 소크라테스(Socrates)식의 인문 고전 습득 방식에서 보이듯 스승과 제자가 깊은 대화를 통해 진리 혹은 지혜를 터득하는 교육과는 거리가 멀기 때문이다.

이에 대한 이해를 위해 칼 비테식 '다른 교육'에 대해 살펴보자.[4] 200여 년 전 독일의 한 시골 마을에서 목회하던 칼 비테(J. H. F. Karl Witte)에게는 확신이 있었다. 비록 아들의 지능이 떨어지긴 하지만 '다른 교육'을 받으면 얼마든지 천재가 될 수 있다는 확신을 하게 된다. 두 살 때부터 칼 비테는 고전을 읽어주었고, 여덟 살 때부터는 혼자 그리스 로마 고전을 원전으로 읽게 했다. 칼 비테 주니어의 두뇌는 위대한 천재들이 집필한 인문 고전을 지속적으로 접하면서 기적처럼 변해 갔다. 그는 고작 아홉 살에 라이프치히 대학교(University of Leipzig) 입학 자격을 취득하고 열세 살에 기센 대학교(Justus-Liebig-Universitat Gießen) 철학박사 학위를 취득하게 된다. 열여섯 살에 하이델베르크 대학교(Universitat Heidelberg)에서 법학박사 학위를 취득하고, 곧바로 베를린 대학 법대 교수로 임용되었다.

칼 비테의 '다른 교육'은 그동안 구속 받던 교육체계에서 벗어나 지혜와 진리를 추구하는 진정한 배움의 세계로 들어갈 수 있음을 말해주는 좋은 사례이다. 지식을 소유하는 것 그 자체로는 인간을 변화시키지 못한다. 삶의 근본적인 변화는 인문 고전에 기반을 둔 사물의 본질을 꿰뚫는 통찰력과 지혜를 통해 생겨나는 것이다. 즉, 칼 비테 식의 '다른 교육'은 인문 고전 독서를 통해 근본적인 변화를 가능하게 했다는 사실을 이야기해주고 있다.

3. 인문학의 가치 생산성

인문 교육에 있어 개인적 차원에서뿐만 아니라 국가적 차원에서 살펴볼 필요가 있다. 동양의 정치, 문화, 예술 등이 고대 중국에 뿌리를 둔 것처럼 서양은 고대 그리스에 뿌리를 두고 있다. 고대 중국과 그리스의 공통점으로는 문학, 역사, 철학 고전을 집필하고 이를 전파한 국가라는 점, 그리고 당시 세계에서 최강국의 위치에 있었다는 점이다. 플라톤은 「프로타고라스(*Protagoras*)」 편에서 다음과 같이 언급하고 있다.

"이 지방(스파르타[Sparta]) 사람들은 자신들이 다른 그리스인들보다 뛰어난 것이 지혜로 인한 것이 아니라 싸움과 용기로 얻은 것이라고 인식시키려 하였습니다. 그들이 뛰어난 이유가 상세히 밝혀지면 모든 사람이 지혜를 갖추려 애쓸 것으로 생각했습니다. 지금도 이 비밀은 잘 지켜져 여러 나라에 흩어져 있는 스파르타 예찬가들의 대부분이 그들의 계교에 넘어갔습니다. 그들은 권투를 하거나 가죽끈을 손에 감고 운동에 열을 올리거나 짧은 외투를 몸에 걸치거나 하여 그들의 흉내를 내었습니다. 왜냐하면, 그로 인해 스파르타인들이 모든 그리스인 앞에서 우월한 지위를 차지하고 있다고 생각했기 때문입니다."[5]

고대 그리스의 폴리스 중 가장 강력한 국력을 자랑했던 '스파르타', 스파르타 하면 어떤 국가로 인식되는가? 군사적인 측면을 포함한 과두정치, 강인함, 강력한 국가로만 생각할지도 모른다. 하지만 우리의 생각과 달리 전쟁을 위한 체력 단련보다는 학문을 숭상하고 철학을 더욱더 사랑했다는 사실을 확인할 수 있다. 위에 플라톤의 「프로타고라스」 편에서 말하고 있듯이 실제로 탈레스(Thales), 솔론(Solon) 등과 같은 고대 그리스의 7현인이 부러워하며 칭송할 정도로 최고의 철학 및 변론 교육을 했던 폴리스(polis)가 바로 스파르타였던 것이다.

고대 중국 역시 아시아에서 가장 많은 인문학 고전이 쏟아져 나왔고 인문 고전을 읽는 전통 역시 가장 확고하게 세운 민족으로 꼽힌다. 그다음으로 인문 고전을 업으로 삼은 아시아 민족을 들면 당연히 우리 민족을 들 수 있다. 예를 들어 세종대왕은 백성 개개인의 지적 수준을 변화시키는 방법으로 인문 고전 독서에서 그 답을 찾았다고 한다. '자치통감'[6]을 대량으로 인쇄해서 전국에 배포하라는 명을 내렸고 노인들 또한 읽을 수 있도록 큰 활자를 주조해서 책을 제작한 것으로 전해진다.

인문 고전 독서를 업으로 삼아왔던 중국 및 한국과 달리 옆 나라 일본은 미개하기 이를 데 없는 섬나라로 치부되곤 한다. 하지만 그런 일본이 어떻게 아시아 최대강국으로 탈바꿈되고 세계 경제 대국으로 성장했을까? 메이지 유신의 아버지이자 일본 근대화의 선구자인 후쿠자와 유키치(福澤諭吉)의 인문 고전 독서 사랑이 곧 그 성장의 이유라 말해도 과언이 아니다. 그는 지독한 인문고전 독서를 통해 근본적으로 자기 자신을 변화시키고 난 후 서양 학문을 받아들여 메이지 유신의 사상적 토대를 닦았고, 그의 사상을 물려받은 제자들이 주도적으로 동양고전, 서양고전을 번역하여 일본 국민들에게 대량 공급하게 된다. 우리는 메이지 시대 국가 주도의 인문 고전 독서 열풍이 현재까지 이어지고 있다는 사실에 주목할 필요가 있다.

일본의 중등교육이 어떻게 이루어져 왔는지 1930년대 일본 고등학교 교육 사례를 통해 살펴보자. 제1고교 학생들은 3년 동안 매주 열 시간 이상 외국어 수업을 받았다. 라틴어가 필수 공통과목이었고 영어, 독어, 불어 중 두 과목이 선택이었다. 외국어 수업이 많았던 이유는 서양고전 원전을 국어처럼 술술 읽는 능력을 기르기 위함이다. 제2고교는 모든 신입생이 칸트(Kant, Immanuel)의 '순수이성 비판'을 읽고, 모든 재학생이 최소 하루 한 권 이상의 인문 고전을 읽고 독서일기를 쓰는 전통이 있다. 관련 자료에 따르면 당시 일본의 명문 고교와 대학생들은 독서일기를 쓰는 습관이 기본적으로 몸에 배어 있는데, 고등학교와 대학교에 재학하는 동안에 4,000권 이상의 책을 읽고 독후감을 쓰는 경우가 평범한 사례에 속할 정도였다고 한다. 덕분에 일본의 정계, 관계, 재계는 이미 학창시절에 그리스, 로마, 유럽, 중국, 인도, 일본의 인문 고전을 읽은 인재들을 무한정 공급받을 수 있었고 국력을 혁명적으로 신장시킬 수 있었던 원천이 되었다.[7]

일본은 국가가 나서서 인문 고전 독서를 공급, 독려, 교육을 하였고, 그 결과 짧은 시간 내에 선진국으로 도약할 수 있는 기반이 마련된 것이다. 식민정책이며, 독도 문제 등을 지속적으로 거론하여 우리에게는 달갑지 않은 나라이기도 하겠지만, 인문학 교육으로 다져진 인재의 산실이라는 점에서 우리는 이들의 인문학 교육 현실에 주목할 필요가 있다.

인문학 교육과 관련하여 우리는 역사적 단절을 경험한 국가이다. 일제치하와 미 군정 시기를 거치면서 우리는 우리 자신의 눈으로 세계를 바라보고, 이해하고, 분석하고, 평가할 수 있는 시기를 놓친 것이다. 그래서 그 이유도 모르는 채, 우리는 지배자의 뜻에 따라야만 하는 교육을 받아 온 것이다. 이를 인문학의 단절이라고 했을 때 이러한 단절을 받아들이고 있을 수만은 없는 노릇이다. 이제 그러한 단절의 장본인이 누구든지 간에 이를 탓할 수만은 없지 않은가? 그러기에는 시간이 그리 많지가 않다. 이러한 단절을 극복하는 데 어느 정도의 대가를 치른다고 할지라도 우리는 그 대안을 찾아야만 한다. 그래야만 소위 인문학의 위기라 일컫는 일련의 상황을 긍정적으로 해석할 수 있는 근거가 마련될 수 있을 뿐만 아니라, 실질적인 인문학 제자리 찾기가 가능할 것이기 때문이다.

인문학 제자리 찾기를 통해 그동안 단절되었던 인문학 교육을 이어줄 수 있어야 할 뿐만 아니라, 산업화 시기에 맞는 사고의 틀을 넘어 지식융합사회에서 미래지향적 가치를 창출해 낼 수 있는 사고로의 전환이 절실히 요구되는 시점이다. 이러한 일련의 가능성을 인문학 교육에서 찾아야 하는 이유는 분명해 보인다. 그렇다면 이제 우리의 인문학 제자리 찾기를 위한 방안 모색을 위해 선진 외국 사례를 통해 구체적으로 살펴볼 필요가 있다.

4. 인문학 교육의 선진 외국 사례

인문학의 제자리 찾기라는 과정을 감안한다고 하더라도 인문학의 가치에 대한 인식 부족과 교육에 대한 편의주의적, 기회주의적 발상은 인문학 교육의 부실을 오히려 조장하고 있는 것으로 비친다. 더군다나 인문학 교육의 필요성과 의의를 인정하더라도 구체적으로 어떻게 해야 하는지에 대한 방법론이 아직도 마련되어 있지 않은 현실은 사실상 변명에 불과할 수 있다. 인문학 제자리 찾기는 결국 미래지향적 가치를 확보하는 문제라는 점에서 우리의 미래와 직결된 사안이다. 4년 동안의 커리큘럼이 100권의 고전에 대한 토론뿐인 세인트존스 대학교(Saint John's University)는 인문학 교육을 통해 뉴욕의 월가를 지배하는 인재들을 산출한 대학으로 유명하다.[8] 인문 고전에 대한 교육을 통해서 세계적인 대학이 된 세인트존스 대학교는 입시 위주의 교육에 매몰되어 있는 우리의 중등교육과 취업률이나 외부의 평가 지표에 끌려다니는 우리의 고등교육 현실을 되돌아보게 한다.

1) 미국의 인문학 교육

1965년 미국 연방정부는 인문학적 자산으로부터 얻게 되는 통찰력과 지혜가 국가와 민주주의 발전의 기초를 형성함을 자각하고, 국가예술-인문지원법을 제정해 인문학을 국가 차원에서 지원할 수 있는 독립기구인 국립인문재단(NEH)을 설립하게 된다.[9] 국립인문재단을 거점으로 하는 미국의 인문학 및 인문교육 진흥체계는 법 제도화, 독립성, 다양성, 대중성을 특징으로 한다고 볼 수 있다.[10]

NEH가 추진 중인 인문학 및 인문학 교육 진흥사업을 살펴보면 그 주제와 내용, 기금 수혜자의 범위가 매우 다양하다는 것을 확인할 수 있다. NEH가 재정지원을 통해 달성하고자 하는 목표를 보면, 첫째 초-중-고등 교육기관에서 이루어지는 인문학 교육 지원, 둘째 개별 인문학 연구자 지원, 셋째 인문학 관련 평생교육 기회 제공, 넷째 문화적/교육적 자원의 보존, 다섯째 인문학의 제도적 기초 강화 등이다.[11] 인문학의 연구나 교육뿐 아니라 인문학의 저변 확산과 대중화 역시 NEH가 설정한 목표에 포함되어 있다. 구체적으로 NEH가 지원하여 큰 성공을 거둔 프로젝트들을 보면 순수 학술적 차원에 국한된 것이 아니라 이를 활용하고 대중화하여 인문학을 주제로 대중과 호흡하고 의사소통할 수 있는 것들이다. 그것을 담아내는 형식 역시 각종 전시회를 비롯하여 영상매체, 마이크로필름 자료 등 다양성과 대중성을 충분히 갖추고 있다. 시민을 대상으로 하는 이러한 인문학 대중사업은 인문학의 성과를 확산하여 인문학의 가치를 대중들이 인식하도록 하고 있으며, 각종 대형 전시회나 영화, 다큐멘터리 등의 영상매체를 통해 발생하는 유/무형의 성과와 수익이 다시 인문학 및 인문학 교육 진흥사업의 인프라로 재창출되는 순기능적 역할을 하고 있다는 점은 NEH의 인문학 진흥정책에서 왜 다양성과 대중성이 중요한 요소인지를 확인시켜 준다.

2) 고등학교 과정에 정착된 독일의 인문학 교육[12]

인문교육과 인문학 연구의 관점에서 독일의 경우에 가장 특징적인 점은 우선 독일의 고등 인문교육과 고등 교양교육이 고등학교 과정에서 이루어지고 있다는 사실이다. 즉 미국이나 영국의 경우에서처럼 대학을 입학한 학생들이 인문교양이나 소양을 쌓기 위한 대학 교양 과정이 존재하지 않는다. 그리고 이러한 교육은 학생들이 대학을 입학하기 전에 이미 이루어지고 있다는 점이다. 독일의 경우 대학에서는 문화기획, 문화경영, 미술관/박물관학 등처럼 인문학의 새로운 방향을 찾을 수 있는데, 이는 인문학과 문화예술의 융합을 이루려는 시도로 보인다. 또한, 고등학교에서의 인문교육도 차별성을 지니고 있는데 그것은 독일의 고등학교가 다양한 학교들로 구성되어 있다는 사실에 기인한다. 학생들은 초등학교에 해당하는 기초학교 (Grundschule)와 예비과정(Orientierungsphase)을 마치는 11세가량의 시기에 직업계 고등학교(Realschule, Hauptschule)에 진학할 것인가 혹은 인문계 고등학교(Gymnasium)에 진학할 것인가를 결정한다. 학생들은 따라서 각 고등학교의 기본 취지에 적합한 교육을 차별적으로 받게 되어 있으며 나아가서 인문교육도 고등학교의 유형에 따라서 서로 차별화된다.

인문교육은 각 학생의 진학과 사회진출의 과정을 충분히 고려하여 이루어지며, 인성교육이나 의사소통교육과 같은 일반적 인문교육도 학생들의 능력이나 적성을 고려하여 이루어진다. 독일의 고등학교에서 이루어지고 있는 인문교육의 특징은 지역성에 따른 독일 고등학교의 고유성과 다양성에서 비롯되는 인문교육 정책의 다양성에 있다. 고등학교의 다양함은 독일이 전통적으로 유지하여 오고 있는 이중 시스템(Duales System), 즉 교육과 직업훈련을 병행하는 시스템에 근거하는 것이며 이러한 이중적 시스템의 이면에는 학생들로 하여금 자신들의 적성과 장래의 희망하는 직업을 고려하여 사회에 진출하는 시기를 앞당기고자 하는 취지가 있다. 한편 고등학교 교육은 대학교육과는 달리 지역적인 문화적 특수성이 충분히 고려되어 차별화되어 있다.

3) 입시에 반영된 프랑스 인문학 교육[13]

프랑스의 고등학교 교육에서는 인문학, 특히 철학 교육을 중시한다. 프랑스에서 고등학교 3학년 학생들에게 철학교육을 한다는 점은 다른 나라의 교육과 비교해 볼 때 매우 특이한 점이다. 프랑스 사람들은 직업과 관계없이 대부분 상당한 양의 철학적 지식을 소유하고 있다고들 이야기한다. 거리의 청소부라 할지라도 함께 대화를 나누다 보면 그들이 보편적으로 가지고 있는 지식에 외국인들이 놀라는 경험을 할 때가 많다고 한다. 이런 현상은 프랑스의 교육 체계와 교육 내용에서 연유한 것이다. 특히 역사적으로 인류가 논의해온 주제들을 공부하고 현실에서 만나게 되는 문제를 철학적으로 조명하는 훈련을 하는 고등학교의 철학 수업이 프랑스인들의 생각과 삶의 방식에 끼치는 영향은 지대하다. 단순한 지식의 소유만이 아닌 현실적인 삶의 과정에서 마주하게 되는 수많은 문제를 '문제'로 인식하고 문제가 발생한 이유에 대해 찾고, 문제를 해결할 방안에 대해 추론하는 능력을 보유한 인간상을 지향한다.

데카르트(R. Descartes)의 후예라는 뜻으로 자신을 cartésien(까르떼지앙)이라 칭하는 프랑스 국민은 철학을 매우 중시 하여 성인으로서 각자의 인생을 시작하기 전에 심도 있는 철학 공부를 하도록 제도적으로 마련되어 있다. 고등학교 3학년 학생이면 문학 계열이건, 경제사회 계열이건, 과학 계열이건 간에 철학을 공부하게 되어 있다. 프랑스의 대입 시험에 해당하는 바칼로레아(Baccalauréat)는 크게 셋으로 분류되는데, 그것은 각각 일반계열(bac général), 기술계열(bac technologique), 직업계열(bac professionnel) 등이다. 이 중에서 일반계열과 기술계열에 해당하는 모든 분야의 바칼로레아는 철학시험을 치른다. 직업계열의 바칼로레아 중에는 철학시험이 의무가 아닌 분야도 있지만 대부분 철학시험을 치르도록 하고 있다. 바칼로레아의 철학 시험문제는 그 수준이 격조 높기로 유명하다. 철학 한 과목을 위해 배정된 시험시간이 4시간이나 되며 배점계수는 계열에 따라 약간씩 다르다. 그 해 시험에 나온 문제는 한동안 국민적 관심사가 되고 모든 국민이 한 번씩 생각해보는 문제가 되기도 한다. 문제는 지역마다 다르게 출제되는데, 선발된 열 명가량의 일선 교사가 출제하며 채점에는 거의 모든 일선 교사가 소집되며, 채점의 원칙은 매우 까다로운 것으로 알려졌다.[14]

　고등학교 3학년에게 적용되는 철학교육은 각각의 학생이 스스로 사고(思考)하고 행위를 할 수 있도록 이끌어주는 것을 목표로 한다. 이 시기에는 한 개인이 여러 가지 중요한 선택을 해야 하는 시점이기도 하며, 그 선택은 성인으로서, 그리고 시민으로서 그 사람의 삶을 대부분 구성하게 된다는 점으로 프랑스의 교육부는 철학 교육의 중요성에 대해 설명하고 있다. 이처럼 인생의 전환기 이전에 자유로운 상태에서, 스스로 책임감에 대해 충분히 인식한 후에 생각하고 결정을 내릴 수 있게 하려고, 프랑스 교육부는 철학 수업을 통해 '의미들'에 대해, 그리고 개별적인 존재인 동시에 공동체 안의 존재인 '자아를 규정짓는 여러 원칙'에 대해 생각하게끔 하고 또 생각하는 방법들을 훈련한다. 이러한 프랑스 철학교육 프로그램은 반세기 동안 거의 변화를 겪지 않는다. 학력 인구의 증가, 교육 분야의 다양화, 철학 내부의 심도 있는 변화 등이 있었음에도 불구하고 철학교육 프로그램의 근간은 그대로 유지되고 있다.

3장 인문학 교육의 연계성 확보 방안

최현철

1. 인문학과 인문학 교육

IMF 이후 우리나라에서 '위기'와 '열풍'이라는 두 단어를 통해 세간의 주목을 한몸에 받은 학문이 바로 인문학(Humanities)이다. 물론 많은 대학에서 인문학의 관련학과의 폐지론을 중심으로 인문학이 '위기'에 놓여있다는 논의는 어제오늘 일이 아니다. 이미 1995년 5월 31일 교육개혁위원회가 제시한 교육개혁방안에서 수요자 위주의 교육을 지향하면서 인문학 위기론이 제기된 바 있다.[15] 인문학의 위기를 둘러싼 문제는 그 후에도 학계나 언론에서 간헐적으로 거론되어 오더니, 몇 해 전에는 교수들의 '인문학 선언'을 기점으로 다시금 세간의 주목을 받게 되었다. '인문학 위기론'의 본질을 한마디로 요약하면 인문학이 경시됨으로써 벌어지는 인간 정신의 결핍과 그로 인해 야기될 '정신문화의 쇠퇴'에 대한 염려를 말한다. 즉 인문학 위기론은 학과의 영역 다툼이 아니라 인간의 정신을 되찾는 데 그 취지가 있다. 또한 '인문학 선언'은 인문학의 본질과 역할을 회복하기 위해 정부와 대학과 사회가 공감대를 형성함으로써 우리 사회에 정신의 뿌리를 견고하게 하자는 '지식인들의 호소'[16]로 보는 것이 올바른 평가일 것이다.

이러한 지식인들의 호소와는 달리 인문학의 위기에 대해 어떤 이들은 이미 인문학이 실용 중심시대에 생존할 수 있는 경쟁력을 상실한 학문이기에 그 위기를 맞이하게 된 것은 당연하다고 진단하면서, 그것을 당연한 시대적 흐름으로 받아들여야 한다고 주장하는 목소리가 있는 것도 사실이다. 하지만 몇 해 전 우리 곁을 떠난 스티브 잡스의 영향 때문인지 몰라도 어떤 이들은 인문학이 창의성 시대에 꼭 필요한 학문으로 평가하면서 인문학 관련 서적과 강좌가 요즘 대세라고 평가하는 언론의 보도도 만만치 않았다. 심지어 최근에는 인문학 위기의 동인 중 하나인 경제나 금융 분야에서도 인문학 공부가 한창이라는 보도가 있었다.[17] 최소한 우리나라에 있어서만큼 인문학은 동시대에 '위기'와 '열풍'이라는 상반된 평가를 동반하면서 우리와 마주한 풍운아 같은 학문이다.

인터넷 백과사전에 의하면 인문학은 인간의 조건(the human condition)에 관해 탐구하는 학문이다.[18] 전통적으로 인문학은 문/사/

칠(문학, 역사, 철학)로 대표되지만, 고고학, 신학, 언어학, 종교학, 여성학, 예술과 같은 영역들도 넓게는 인문학에 포함된다. 그렇다면 의학이나 생물학, 자연학, 일련의 사회과학들도 인간의 조건을 탐구하거나 연구하고 있음에도 불구하고, 왜 그것들은 인문학 영역에 포섭되지 않는 것일까? 아마 그것은 인간의 조건을 탐구하는 방법적 차이에 있을 것이다. 왜냐하면, 후자의 학문은 비판적이거나 사변적인 방법보다는 실험적이고 실증적인 방법을 중심적인 방법론으로 하는 학문이기 때문이다. 그렇다면 이러한 인간 조건에 대한 방법론적 차이를 고려해 본다면 인문학은 비판과 사변, 즉 경험보다는 순수한 사유나 이성의 활동을 통해 인간의 조건에 대해 탐구하려는 학문적 방법이라고 할 수 있다.

여기서 우리는 인문학의 의미를 보다 분명히 하기 위해 사전적 정의에서 말하고 있는 "인간의 조건"이 어떤 의미를 지니는지 분석해 볼 필요가 있다. 우선적으로 인간의 조건은 우리말로 서술하여 "사람을 사람으로 성립하게 하는 요건"으로 이해해 볼 수 있다. 물론 인간의 조건이 이러한 의미를 지닌다 하더라도 그것은 또 다른 다양한 해석을 동반한다. 예를 들어, 사전적 정의에서 말하는 "인간의 조건"이 인간의 외형적 조건을 말하는 것인지 아니면 생물학적 조건을 말하는 것인지, 인간의 내면적 조건을 말하는 것인지가 분명하지 않다. 하지만 이런 다양한 해석과 입장들도 다른 우주의 대상들과 비교하여 오직 인간만이 가지는 어떤 독특한 특징을 찾으려는 시도들 가운데 하나임이 분명하다. 그렇다면 지금까지의 분석을 중심으로 인문학이 어떤 학문인지를 정리하면, 인문학은 인간이 사변이나 사유의 방법을 중심으로 인간만이 갖는 어떤 독특한 특징을 찾는 학문이다.

이렇게 우리가 인간다운 삶의 조건에 대해 규범적으로 반성하고 연구하는 학문으로 인문학을 정의한다면, 인문학 교육은 이러한 반성을 토대로 하여 '인간다운 삶'을 살 수 있는 성향과 능력을 길러주는 교육으로 규정할 수 있다. 즉 성장하는 세대가 인간다움의 이념을 충실히 실현할 수 있도록 도와주는 교육이 바로 인문학 교육인 셈이다. 이러한 인문학 교육의 목적에 대해 이미 어떤 한 연구에서 다음과 같이 정리한 바 있다.

> "인문학 교육은 피교육자(자라나는 세대)로 하여금 폭넓은 지적(知的) 탐색과 깊은 정의적(情意的) 체험을 할 수 있도록 도와줌으로써, 세계와 인간에 대한 건전한 이해를 하고, 이를 바탕으로 하여 스스로 내면화시킨 건전한 도덕적 사회적 미적 가치관을 가지고, 이에 따라 스스로 행동을 결정해 나가는 자유로운 주체적 인간을 길러내는 것을 목적으로 한다."[19]

나아가 인문학 교육은 피교육자가 인간다운 삶을 살아가는 데 요구되는 기본적인 성향과 능력을 갖추게 함으로써, 개인 스스로 행복한 삶을 영위할 수 있게 하고 공동체 구성원으로서 그러한 개인적 삶이 가능한 사회적 관계를 정립할 수 있게 한다는 의의를 가진다. 결국, 인문학 교육은 시민사회의 구성원으로서 인간이 지녀야할 교양적 기본 소양을 갖춘 주체적 인간을 형성시키는 과정인 셈이다. 여기에 손동현 교수는 인문학 교육을 '단적으로 말해 인간으로서' 훌륭하게 살아갈 수 있도록 도와주는 교육, 즉 인간 보편적 가치를 실현시켜 주는 교육으로 정의한 바 있다.[20]

이 글의 목적은 인문학에 대한 개념적 분석과 아울러 인문학 교육의 이념, 목적, 의의에 비추어 우리의 인문학 현실에 적용해 보고, 올바른 인문학 교육의 방향성을 제시하고자 한다. 이러한 목적을 달성하기 위해 중등교육 과정에서의 인문학 교육과 대학에서의 인문학 교육에 대해 진단한 후 그 연계성과 아울러 인문학 교육의 바람직한 방향을 제시하고자 한다.

2. 중등교육에서 인문학 교육의 현황과 진단

현실적으로 우리나라 중등교육에서 수행되었던 인문학 교육의 대부분은 주로 문학이나 역사, 철학, 윤리, 음악, 미술 등과 같은 정규 교과목 시간을 통해 수행된다. 그뿐만 아니라 동아리 활동이나 독서 모임 등과 같이 정규 교과목 시간 이외에 학교 밖에서 이루어지는 다양한 활동을 통해 간접으로나마 중등교육 과정에서의 인문학 교육은 실행되었다. 이 절에서는 인문학의 대표적 학문인 문학·역사·철학을 중심으로 한 중등교육에서의 교과목 – 비문학, 문학, 국어, 국사, 세계사, 윤리, 철학 – 을 중심으로 중등교육에서의 인문학 교육의 현황과 진단을 대략적으로 검토한다.

중·고등학생들에게 다양한 장르의 문학 작품을 읽고 인간의 본질과 인간의 삶을 둘러싼 세계에 대하여 성찰할 기회를 제공한다는 점에서, 그리고 인간과 세계를 깊이 이해하고 인간다운 삶을 살아가도록 하기 위한 것이라는 점에서, 앞에서 분석한 인문학과 인문학 교육의 개념적 전통을 중등교육에서의 문학교육은 계승하고 있다. 2003년에 수행된 한국 인문학 교육 연구 내용[21]에 나온 (중등) 교육과정을 살펴보면 '국어' 교과목의 '문학' 영역의 경우 "문학 작품을 스스로 찾아 읽고 토론하는 학습 활동을 중시하여 작품에 나타난 인간의 삶을 총체적으로 이해하고 문학적 상상력이 향상되도록" 하는 것으로 교과목의 성격을 규정하고 있다. 또한, 심화과목으로 설정된 '문학' 교과목의 경우에도 마찬가지로 "학습자의 능동적인 문학 활동을 강조하여 문학의 가치를 인식하고 그 가치를 자신의 삶과 통합하려는 의지와 태도를 지니며 문학 문화 발전에 이바지할 수 있는 능력과 자질을 기르는 데 중점을 둔다."라고 되어있어 국어 교과의 목적과 크게 다르지 않다. 앞에서 논의한 인문학 교육의 목적과 정의를 광의적으로 적용하면, 이러한 교과목들의 목적들이 인문학 교육에 정합된다고 하겠다. 하지만 세부적인 각론들을 살펴보면 그것을 전면적으로 인정하기 어려운 맥락들도 있다. 우선 교육과정을 충실하게 반영하게 되는 교과서에서 '인문학 교육으로서의 문학교육'에 대한 입장이나 관점들이 분명하게 명시된 부분은 없다. 물론 일선 교육 현장에서 세부적인 학습활동이 수행될 때 그러한 맥락의 인문학 교육이 이루어질 수는 있겠지만, 체계적으로 실현되고 있다고 하기는 어렵다. 이러한 인문학 교육의 목표와 현실적 상황 간의 괴리감은 교육 현장의 일선 교사들을 대상으로 한 선행연구 설문 조사에서도 확인된다. 인문학 개념에 대한 인지 여부를 묻는 직접적인 질문에 대해 '생각해 본 적이 없다'가 응답자의 90%에 이르며, '문학 영역(또는 과목)이 인문정신과 관련이 있다고 생각하는가'라는 질문에 대해서는 '그렇다'고 답변한 경우가 28%에 불과했다. 또한 '현행 교육과정에서 문학교육을 인문학 교육으로 보고자 하는 관점이 드러나 있느냐'는 질문에 대해서도 96%가 '그렇지 않다'고 응답했다. 맥락을 달리한 포괄적인 질문에 대한 답변들도 비슷한 양상을 보였다. '근무하는 학교에서 인문학 교육이 이루어지고 있다고 생각하느냐'는 질문에 대해서는 '그렇지 않다'는 응답자가 89%를 차지하는데, 그러한 판단에 대한 이유를 보면 '그런 맥락이 작용하는 여지가 없다고 보기에', '그렇다고 볼만한 과목이 없어서', '그러한 생각을 하는 경우가 없어서' 등의 순으로 나타났다.[22]

그동안 우리나라의 중등교육에서 인문학 교육의 한 축인 문학교육을 담당했던 국어는 실용주의적 도구 교과이론이나 문학교육 분리론과 통합론의 논쟁, 문학교육 강화론 등이 전개되는 양상을 보였다. 문학이 사회 문화적 텍스트와 개인의 창조적 상상력의 총합이라고 할 때, 문학의 담론과 그에 대한 패러다임은 사회와 시대적 변동에 따라 변화할 수밖에 없다. 문학교육의 정립과 전망에 관한 문제도 시대적 변화에 따라 문학교육을 올바르게 자리매김하고, 새로운 지평을 조망하려는 의도에서 제기된 것으로 진단된다. 현재 우리 사회는 기술의 체계적인 발달로 인해 감수성과 의식 면에서 급격한 변화를 맞이하고 있다. 인터넷과 사이버 문학이 종이와 문자 문화의 존재를 위협하고 있으며, 그 본질적인 존재 방식조차 흔들어 놓고 있다. 이처럼 문학 교육이 스마트를 중심으로 하는 소셜 네트워크 물결을 중심으로 하는 다매체 시대의 영향권 안에 놓이게 되면서 교육의 방향성은 더욱 심각한 국면에 놓이게 되었다. 따라서 미래의 인문학 교육으로서 문학교육에 대한 논의의 효용성은 여기에서 시작되어야 한다.

또한, 현재 문학교육을 중심으로 하는 인문학 교육의 가장 큰 문제점은 학습자들의 문학 학습 욕구가 고갈되었다는 점이다. 학습자들이 문학 학습에 흥미를 잃게 된 이유 중 하나는 문학교육 과정과 교과서가 심미적 소통을 소홀하게 하고 인지적 영역에 너무 편중되어 있기 때문에 그러한 문제가 발생한 것이다. 이런 이유로 학습자는 문학을 개념적인 것, 혹은 추상적인 것으로 생각하고, 나아가 난해하고 재미없는 것으로 느낀다. 이러한 상황에서 기존의 연구들은 인문학 교육으로서의 문학교육은 입지를 마련하기조차 어려웠던 것으로 진단된다.[23]

그렇다면 중등교육에 있어서 인문학 교육의 대표적인 교과목인 역사나 철학 교과목의 경우는 그 사정이 어떠한가? 역사교육 역시 역사적인 사실에 대하여 깊이 있게 검토하고 토론하는 과정에서 과연 어떻게 사는 것이 인간답게 사는 것인지에 대하여 성찰하도록 하기 위한 것이며, 철학은 말할 것도 없이 고뇌하고 성찰하는 인간, 인간다운 인간이 되는 길을 모색하도록 하기 위한 것이라는 점에서 인문학과 그 교육 내용이 주축을 이룬다.

2009년에 개정된 교육과정에 따른 중학교 교육과정[24] 중 역사 부분에 의하면, '역사'는 과거에 있었던 다양한 인류의 삶을 이해하고, 현재 우리의 삶과 모습을 과거와 연관 지어 살펴봄으로써 인간과 그 삶에 관하여 폭넓은 이해와 안목을 키우는 과목으로 규정하고 있다. 이와 더불어서 '역사'라는 교과목의 목표도 우리나라와 세계 역사를 상호 관련지어 종합적, 체계적으로 파악하는 것으로 되어있다. 결국, 역사 과목은 정치사와 문화사를 중심으로 내용을 구성함으로써 학습자들에게 역사 학습에 대한 흥미를 유발하고, 창의적 사고력을 함양하게 한다. 그리고 교과서는 학습자 자신도 다양한 역사적 자료를 활용하여 능동적으로 학습하게 함으로써 과거에 대한 다양한 해석과 시각을 제공한다. 그래서 중등교육 학습자들이 역사에 대한 통찰력을 바탕으로 국가와 세계의 구성원으로서 민주적이고 평화적인 가치를 존중하는 자세를 갖추게 하는 것이 역사과목의 목적이다.

그뿐만 아니라 고등학교 사회과 과목의 교육개정안(2009년)에 의하면 '한국사'는 우리나라 역사가 형성·발전되어 온 과정을 세계사와의 유기적 관계 속에서 심층적으로 이해하여 역사적 관점에 비추어 사고하고 현대 사회를 통찰할 수 있는 능력을 증진하기 위한 과목으로 규정한다. 또한, 한국사는 세계사와 연관 지어 한국사의 전반적인 흐름을 이해하고 세계사의 흐름 속에서 우리 민족이 발휘해온 역량을 주체적이고 비판적으로 이해하여, 21세기 우리 민족사의 능동적인 전개가 이루어지도록 학습자의 자질을 기르는 데 목적을 두고 있다. 또한, 이를 바탕으로 학습자가 세계 속의 한국인으로서의 정체성과 한국 문화를 토대로 세계인으로서의 자부심을 함양하게 하는 목표를 개정안은 제시하고 있다.[25] 따라서 고등학교 과정에서는 초등학교와 중학교에서 학습한 역사에 대한 기본적 이해를 바탕으로 사회·경제사, 사상사 및 대외 관계사를 연계하여 한국사의 특성을 심층적으로 파악한다. 또한, 외국과의 다양한 교류를 통해 독창적이면서도 개방적인 문화를 형성하였음을 인식하도록 교과 내용은 구성되어 있다. 이로써 고등학생들이 주체적 한국인으로서 세계화에 부응하여 인류 역사의 전개에 능동적으로 참여할 수 있는 자질을 갖추는데 학습 과정은 주안점을 둔다. 그리고 이러한 교과 내용을 수행한학생들은 '한국사'를 다양한 탐구 자료를 중심으로 구성함으로써 역사적 관점에 따른 탐구력, 상상력, 판단력 등을 토대로 하여 학습자들의 역사 인식을 함양시킨다. 따라서 교육과학부가 권장하는 '한국사' 과목은 우리 역사가 형성·발전되어 현재에 이르기까지의 전 과정을 다루고 있다.[26]

이제 과연 현 중·고등학교에서 역사교육이 인문학 교육 목적을 수행하고 있는지 현실적인 문제를 따져 볼 시점이다. 기존의 선행연구에서는 이 문제를 교사와 학생, 학부모 등이 역사교육을 인문학 교육이라고 인식하고 있는가와 역사교육의 내용이 인문학 교육의 내용에 해당하는가의 두 가지로 나누어 점검하였다.[27] 그 결과 전자의 문제에서 역사 교과를 인문학 교육으로 인식하는데 그 수준이 낮은 것으로 나타났다. 학부모, 교사, 학생의 순으로 역사교육이 인문학 교육이라고 생각하고 있는 것으로 파악되는데, 이는 각자의 선입견과 경험이 작용한 결과다. 학부모와 교사들은 역사 교과가 인문학 교육이라는 선입견이 강하지만, 실제 역사 교과에서 인문학 교육의 본질이 채워지고 있는가는 별도의 문제인 셈이다. 즉 학문적 분류상 역사학이 인문학의 하나이기에 역사 교과 또한 인문학 교육이라고 대중들은 이해한다는 것이다. 한편 학생들의 경우는 사회과 과목의 일부로서 역사 과목이 이루어지고 있는 점이 계통적 이해에서 역사교육을 인문학 교육으로 생각하지 않도록 만드는 원인이다.[28] 후자의 문제에 있어 실제 역사교육이 인문학 교육의 본질에 얼마나 접근하고 있는가는 피교육자인 학생들이 역사 교과목을 어떻게 인식하고 있는가를 파악함으로 알 수 있다. 고등학생은 물론이고 중학생부터 역사 교과목은 이미 이해를 중심으로 하는 과목이 아니라 암기를 요구하는 교과목이다.[29] 역사 교육을 연구하는 학자와 교사 중에는 역사가 이해하는 과목이 될 수 있도록 하고자 상당한 노력을 기울이고 있으나,[30] 역사교육 현실은 역사가 암기과목에서 벗어나지 못하고 있다.

정규 교과목으로 지정되어 학습된 적이 없는 철학은 그 형편이 더 심각한 상태다. 왜냐하면, 우리나라 중·고등학교 철학교육은 단독 교과목으로 시행되지 않고 있기 때문이다. 현재 철학은 명목상의 과목으로 고등학교의 선택중심 교육과정의 보통 교과 부분의 교양 과목들 중의 하나로 설정되어 있다. 즉 일반 선택 교과목이나 교양 교과 과정으로 철학은 분류된다.[31] 하지만 제7차 교육과정 이후 현재까지 '선택'이나 '교양'은 명목뿐이지 실제로 교육 과목으로 채택되는 것은 현실적으로 불가능하다. 한마디로 학생들은 '선택'이라는 단어와 '교양 교과'라는 단어에서 다양한 교육 활동의 가능성을 기대하지만, 현실적으로 '선택'은 기존 교과목들을 시간표에 배치하는 방법에서 학생들에게 일정한 절차상의 선택권을 준 것에 불과하다는 것이다.[32] 더욱이 현재 고등학교 교육은 입시 위주로 돌아가고 있는 상황의 지속이다. 그러므로 입시와 전혀 관련이 없어 보이는 철학이라는 과목이 선택과목으로 채택되어 제대로 된 철학교육을 시행하기란 어려운 일이다. 중·고등학교에서의 철학은 도덕, 시민윤리, 윤리와 사상, 전통윤리, 사회, 국어 등의 과목에서 교육되고 있다. 학생들은 교과 과정에서 상당한 철학교육을 받고 있는 것으로 보인다. 하지만 정작 학생들은 자신이 철학교육을 받는 것에 대해서는 인식하지 못하고 있다. 이것은 철학이라는 독립적인 과목을 통해 교육을 받는 것이 아니라 다른 과목 속에 철학의 내용이 반영되어 있기 때문이다.

그럼에도 불구하고 주목해야 할 것은 2011년 8월에 개정한 고등학교 교양 교과 과정의 철학 교과 부분에서 철학 교육의 의미를 역사적으로 제시하고 있다는 점이다. 그리스의 폴리스에서 철인(philosophers)들은 더 이상 신화(mythos)에만 의존하지 않고 자신의 사고와 변증을 통해 우주와 인간의 이법(logos)을 발견하고 창출하여 교육하는 전문적 교육기관들을 창설하기 시작하였다. 아카데마이오스나 뤼케니움과 같은 교육기관은 헬레니즘(Hellenism) 시대와 로마 제국 시기를 거쳐 서양 고대의 문화와 통치를 떠받치는 정신기반을 형성하였다. 그리고 인간 문명사에서 종교의 출현에 뒤이어 등장한 철학 함의 활동에서 시대와 지역을 막론하고 확인되는 사회적 공통점이 두 가지가 있다. 우선 하나는 각 시대의 철학자들이 내놓은 각종 철학이 각 철학자에게서 정리된 즉시, 동시대인들에게 '교육'되어 전파되고 확산시킬 의도로 말(談論), 글(論述), 책(著述), 또는 각종 기예(技藝) 등으로 표현되어 소통되었다. 그리고 이런 철학교육의 일차적 상대는 예외 없이 '청소년들'이었다는 사실에 우리는 주목해야 한다. 즉 역사적으로 철학은 그것이 형성된 공동체 안에서 언제나 청소년을 견인하는 교육이었다. 사원에서 『베다』를 암송하고, 서당에서 『천자문』을 외우기 시작하며, 길거리에서 소크라테스나 소피스트(Sophist)들의 변증을 들으면서 앎의 첫걸음을 떼었던 과거의 학습자들은 동서양을 막론하고 예외 없이 청소년들이었다. 그리고 그들이 어렸을 때부터 익혔던 최고의 배움은 '철학'이었다. 특히 우리나라는 성리학을 바탕으로 사실상 '철인국가'를 경영하여 단일 왕조의 수명을 오백 년 이상 지속시킨 세계사상사에 유례없는 철학적 실천의 성공 경험이 있다. 요약하면, 역사적으로 철학은 청소년 교육의 주요학문이었다.[33]

이러한 역사적 의미와 전통에도 불구하고 논리학이나 철학, 심리학과 같은 교과목을 실제 우리나라의 중등교육과정에서 학습하는 학생들은 그리 많지 않다. 그 가운데 어느 한 과목이라도 학습할 기회가 있는 경우는 전체 학생들 가운데 3%도 되지 않는다. 교육개발원에서 발표한 2010년 교육통계연보에 따르면, 일반계 고등학교 1,462개 학교 가운데 교양과목으로 종교, 논리학, 철학, 심리학을 개설한 학교는 각각 54개교, 55개교, 62개교, 23개교로, 각각 3.76%, 3.69%,

4.24%, 1.57%에 불과하였다. 또한, 실제로 이 교과목을 선택한 학생들은 전체 1,496,463명 가운데 각각 21,236명, 17,806명, 16,517명, 5,267명에 그쳐 1.42%, 1.19%, 1.10%, 0.35%에 머물렀다.[34]

2010 일반계 고등학교 교양과목 선택 현황

구분		학교 수 (개교)	개설 비율(%)	학생 수 (명)	선택 비율(%)
교양과목	생태와 환경	426	29.14	131,724	8.80
	직업과 진로	211	14.43	58,578	3.91
	생활 경제	123	8.41	26,699	1.78
	종교	55	3.76	21,236	1.42
	논리학	54	3.69	17,806	1.19
	철학	62	4.24	16,517	1.10
	교육학	41	2.80	12,376	0.83
	심리학	23	1.57	5,267	0.35

교육개발원(2010), 교육통계연보 참조

이 같은 조사 결과는 중등교육과정에서 종교나 논리학, 철학, 심리학 등 인간 존재에 대하여 반성하고 성찰하는 인문학에 대한 학습 기회가 학생들에게 제대로 주어지지 않음을 말한다.[35]

특히 중등교육의 경우에는 교사와 학생, 학부모 모두 입시 위주의 교육에 매달릴 수밖에 없는 상황이어서 입시와 관련되지 않는 과목들은 실질적으로 학습할 기회를 얻기 어려울 뿐 아니라, 학생들에게 자유로운 성찰과 깊이 있는 탐구 기회를 제공하기보다는 단편적인 교과 지식을 전달하는 데 급급한 것이 우리의 현실이다.[36] 따라서 이들 교과목이 인문학 교육의 목적과 역할을 제대로 실현하고 있다고 평가할 수는 없다. 우리나라의 중등교육에서는 문학과 역사, 철학 과목을 의무적으로나 선별적으로 가르치고 있지만, 각 교과의 기본적이고 핵심적인 지식과 태도를 습득하는 데 중점을 두고 있어 인문학 교육으로서의 성격을 논하기에는 망설이지 않을 수 없다. 이렇게 입시에 매달리고 있는 중등교육의 현실을 생각하면, 설령 학습 기회가 주어진다 해도 인문학 교육이 제대로 수행될 수 있을지에 대해서는 긍정적으로 전망하기가 어렵다. 선행 연구에 따르면,[37] 교과 과정을 충실하게 반영하는 교과서조차 인지적 영역에 치우쳐 있어, 문학은 어렵고 흥미 없는 교과목으로 인식되고, 학습 욕구 또한 고갈되었다. 현장 교사들 역시 현행 교육과정에는 문학교육을 인문학 교육으로 보고자 하는 관점이 드러나 있지 않다고 받아들이고 있다. 사회 교과에 포함된 '역사'는 역사적 사건이나 사실에 대한 비판적 사고나 해석보다 배경이나 맥락이 도외시된 파편적 사실의 암기형 교육이 횡행함으로써 인문학 교육으로서의 성격을 저버리고 있다. '철학'은 상황이 더욱 열악해 보인다. 앞에서 보았던 것처럼 명목상으로는 교양과목 중의 하나로 설정되어 일반 선택과목으로 되어 있으나, '선택'은 명목일 뿐 현실적으로는 선택할 수 없다. 문학이든 역사든, 아니면 철학이든, 정도의 차이는 있을지라도 본질적으로 입시 위주의 교육 현장에서 제대로 된 인문학 교육을 기대하기 어렵다.

3. 대학교육에서의 인문학 교육 현황과 진단

우리나라는 근대화와 함께 서양의 교육제도를 받아들였지만, 세계적으로 보아 우리나라만큼 학과나 전공에 대한 고정관념이 강력한 곳도 없다. 이미 우리나라에서 출신대학은 물론 출신학과 또한 모든 사회생활의 기본이 될 정도로 개인의 정체성을 구성하는 중요한 요소가 된지 오래다. 이러한 학과중심의 배타성은 대학 연구의 영역에서도 마찬가지다. 학부 교육에서부터 지속하여 온 분과학문에 대한 소속감이 관념적으로 교수의 연구 대상 영역을 한정하고 있는 것도 지금의 우리 대학교육의 현실이다. 학부제 시행으로 학생 입장에서는 다소 학과의 장벽이 허물어졌다고 할 수 있지만, 교수는 여전히 학과에 귀속되어 있음으로써 분과학문은 여전히 중요한 경계점으로 작용하고 있다. 이러한 분과교육의 현실과 더불어서 인문학 교육의 또 다른 장벽은 실리를 중시하는 대학풍토의 변화도 그 한몫을 하고 있다. 우리에게 있어 현실의 대학은 더 이상 상아탑이 아니며, 진리 탐구보다는 실리를 꾀하는 기관이 되었다고 해도 과언이 아니다. 과학과 기술의 발달은 인간이 무엇을 할 수 있는가를 보여주면서 인간의 가능성을 개척해 나가고 있다. 그 덕분에 우리의 삶은 풍요로워졌으며 이전에는 경험할 수 없었던 수많은 혜택을 누리게 되었다. 그러나 인간에 대한 참다운 이해가 부족한 물질주의나 부(富)의 추구는 종국에 가서는 좋은 결과를 가져오기 어렵다. 그러므로 과학과 기술이 인간의 삶에 기여한 바를 높이 평가하면서도 또 다른 한편으로는 인간이 무엇을 해야 하는가에 대한 이해를 돕는 인문학과 인문학 교육의 가치에 새삼 주목하지 않을 수 없다. 과학과 기술이 발전하고, 물질적 가치에 대한 추구가 정도를 더해 갈수록 인문학 교육은 인간에게 있어 더 중요한 요소가 되지 않을 수 없다.[38]

　여기서는 우선 대학의 전통적 기능이 인문학 교육에 있었음을 강조하기 위해 지성사에 대한 역사적 맥락을 검토해 볼 필요가 있다. 왜냐하면, 그것으로 우리나라 대학교육에서의 인문학과 인문학 교육에 대한 지위를 가름하는 기준이 될 수 있기 때문이다. 역사적으로 볼 때 철학과 정치학, 예술학 심지어 천문학까지 섭렵했던 소크라테스, 플라톤, 아리스토텔레스(Aristoteles)와 같은 철학자들로부터 시작된 서양의 지성적 전통은 중세를 관통하여 근대 초기에까지 이어졌다. 디드로(D. Diderot)나 루소(J.J. Rousseau)와 같은 계몽 철학자들 역시 백과사전적 지식을 지닌 문인으로서 또 철학자로서 인류의 보편적 문제들에 대해 발언하던 학자들이었다. 그러나 지식을 권력의 가장 중요한 통제 수단으로 삼았던 서양 근대성이 자리를 잡아가면서 지식은 세분화되기 시작하였고 지식 생산도 제도화되었다. 이런 현상은 과학 분야에서 우선적으로 진행된 12세기 르네상스(Renaissance) 이후 우후죽순으로 들어선 "대학"이라는 교육기관을 통해 수학, 물리학, 화학, 천문학 등이 분과학문으로서 체계적 구조를 갖추게 되었다. 그 당시 인문학은 문학, 철학, 역사학으로 세분화되었고, 근대적 인문학자들은 모든 학문 분야에 해박한 제너럴리스트가 아닌 한 분야에 정통한 스페셜리스트(specialist)가 될 것을 요구받았다. 더욱이 인문학자들은 인문학에 과학적 방법론이 도입되면서 예전과 같은 직관과 감성에 의해서가 아닌 정치화된 논리와 실증적 정보에 입각한 새로운 연구 방법론을 수행하게 되었다. 반면 이러한 근대성의 패러다임 속에서 인문학이 크게 발전한 것도 주지해야 할 사실이다. 각 분야의 스페셜리스트들은 제너럴리스트들이 지나쳤던 세밀한 부분까지 파고들며 우주의 이치를 파헤쳤다. 니체(F. W. Nietzsche)가 신의 죽음을 선언한 이후, 세상의 모든 삼라만상은 인간의 이해 능력 안에 있다는 자신감이 팽배해졌다. 마르크스(K. Marx)의 유물론도 세상을 기계적 작용으로 파악하는 데 단단히 일조했다고 평가될 수 있다. 19세기에는 해부학 지식이 비약적 발전을 거둠으로써 인간의 심성 또한 물리적 작용의 결과로 이해되기에 이르렀다. 고등교육에 있어 인문학의 분과학문 체제는 바로 이러한 근대적 세계관과 지식 생산 패러다임에 따른 것이다.

하지만 21세기에 들어서면서 국내에서 대학의 목표는 여전히 종합적이고 비판적이며 창조적인 인간의 능력을 함양하는 데 있지만, 실질적인 교육 내용은 경제적 효율성과 이윤창출이라는 경제논리에 의해 실용적인 교육, 직업교육의 방향을 취하고 있다. 그 결과 세분화된 분과학문과 취업을 위한 응용학문이 대학교육의 중심으로 자리를 잡게 되었고, 인문학의 역할은 끊임없이 축소되었다. 종합적이고 비판적이며 창조적인 인간을 양성하는데 가장 기초가 되는 부분이 인문학 교육이라고 할 수 있고, 이것이 분과학문 못지않게 중요한 한 과정이다. 그러나 현실적으로 인문학 교육은 세분화된 전공교육의 기초 내지는 도구적인 능력을 갖추는 보조적인 교양교육으로 왜곡된

것이 현실이다.[39)]

물론 우리나라가 경제적·정치적·사회적으로 급속한 발전을 이룩할 수 있었던 중요한 원동력의 하나는 교육의 힘이다. 특히 대학을 비롯한 고등교육 기회의 확대는 우리 사회가 필요로 하였던 고급 인력을 대량으로 양성하게 함으로써 국가 발전에 크게 이바지하였다. 고등교육 기관인 대학에서 이루어지는 인문학 교육은 학문 후속세대 양성이라는 목표에 충실하면서도 시대의 변화에 발맞추어 유능한 인재를 사회 각 부문으로 배출시켜야 한다는 또 다른 목표에 부응해야 한다. 이를 실현하기 위해서는 보다 체계화된 교양 교육이 강화해야 하며 동시에 종래의 전공 선택과 전공 운영방식에도 변화가 있어야 한다. 국내 대학에서 인문학 교육은 전통적으로 학과 위주의 교육시스템 안에서 이루어졌다. 인문대학 또는 인문학부가 설치된 대부분의 대학에서 인문학 교육은 학과에서 담당하는 교양 교육과 전공 교육에 근거로 이루어졌다.[40)]

그렇지만 인문학 분야 학부생, 대학원생의 규모는 증가추세에 있으나 복수 전공이 많고, 취업률이 낮으며, 학과통합의 사례가 나오자 위기의식이 발생했다고 할 수 있다. '06년 대졸자 정규취업률에 따르면 의학 82.9%, 공학 59.8%, 사회 47.3%, 자연 44.7%, 인문 40.1%로 인문계열이 최하위를 기록했다. 또한 '06년 석·박사 정규취업률: 공학 76.6%, 의학 74.9%, 사회 60.8%, 자연 58.1%, 인문 45.7%로 인문학 계열이 최하위를 차지하였다.

학부제의 시행과 함께 인문학과 중 소위 비인기 전공들이 고사위기에 처하면서, 몇몇 대학의 철학·프랑스어 문학·독일어 문학·언어학 등의 전공 분야에서는 생존 차원에서 혁신적인 변화가 시도되었다. 그리고 많은 대학의 인문학 대학원 과정에서는 협동과정의 형태로 시대적인 요청에 부응하여 학제적 교육을 도모하려는 시도가 과감히 행해졌다. 이러한 대학들에서 시도된 변화들이 장차 성공할 것인지는 아직은 미지수이지만 아직 변화를 시도하지 않은 대학들에 대해서는 참고해야 할 중요한 자료가 될 수 있다. 이러한 실험적인 변화들 속에서는 가장 큰 타격을 입는 비인기 인문학 전공 분야들의 고뇌와 고심이 담겨 있으며, 그것들은 현재의 한국 현실에서 인문학이 부딪힌 위기를 뛰어넘어 오히려 위기를 기회로 삼으려는 몸부림이다. 특히 이러한 변화 시도들이 의미 있는 것은 그것들은 현재 한국의 대학교육 현장을 무시한 채 이상적이지만 비현실적인 방안만을 내세우고 있는 것이 아니라 그야말로 실현 가능한 대안을 추구하고 있다는 것이다. 다시 말해 이러한 변화 시도들은 학부제의 시행에도 불구하고 전공 간의 장벽이 여전히 강력한 현재 한국 대학의 교육 현실 내에서 당장 실현 가능한 변화들을 모색한 것들이다.[41]

우리나라 대학에서 인문학 교육, 특히 교양교육에서 인문학 교육이 차지하는 비중은 전체 교육의 1/3 정도인 것으로 보고된 바 있다.[42] 기존 연구에 따르면 대학 교양교육에서 인성 과목은 평균 34.43%, 실용성 과목은 38.13%, 전공기초소양은 27.43%를 차지하고 있다. 전국의 각 대학에 학부대학이나 기초교육원, 교양교육원 등이 자리를 잡으면서 기초소양교육이나 교양교육이 강화되었는데, 이는 대학교육이 엘리트교육에서 보통교육으로 바뀌고 있는 추세와 연관된다. 하지만 형식적으로 강화된 기초소양교육, 교양교육은 대부분 영어 교육이나 글쓰기, 컴퓨터 등 실제 생활에 필요한 도구 과목에 집중되고 있다는 점에서 참다운 인문학 교양교육과는 거리가 있다. 오히려 학문 영역별로 교양 교과목을 이수하게 만드는 현 대학의 교양교육은, 학생들로 하여금 인문학 교양교육은 졸업을 위해 한 과목 정도만 이수하면 되는 것으로 인식하게 하였다. 인간과 세계에 대한 깊은 이해나 성찰, 내지는 개인의 가치관과 세계관의 정립이 어떤 특정 교과목 하나를 이수했다고 해서 가능한 것이 아님에도 불구하고, 대학은 비정상적인 인문학 교양교육 과정을 만들어낸 것이다. 그렇게 볼 때 표면적으로는 대학의 교양교육이 과거와 비교하면 강화되었다고 하지만, 대학에서의 인문학 교육의 위상은 도리어 위축되었다고 하겠다.

대학에서 운영되고 있는 인문학 교양교육의 문제점으로는 이미 교육과정의 편성과 관련한 문제, 전공교육과 교양교육의 비율 문제, 교육의 내용과 인문학 교양교육을 담당하는 주체에 대한 문제 등이 지적된 바 있다.[43] 교양교육은 전공교육을 위한 기초교육이라는 인식으로 인하여 순수하게 다루어져야 할 인문학적 의미가 전공교육을 위한 보조수단으로 간주되면서 인문학 교양교육의 본질적 의미가 훼손되었다. 이러한 문제는 인문학 교양교육을 담당하는 교수나 수강하는 학생 할 것 없이 대동소이하여 전공교육과 비교하면 교양교육은 상대적으로 저급한 교육, 소홀히 해도 되는 교육쯤으로 인식되고 있다는 데 있다. 이 때문에 인문학 교양교육을 통해 추구하고자 하는 교육적 효과는 기대하기 어려운 형편에 놓였다. 전공교육과 교양교육의 비율 문제에서도 우리나라의 교양교육은 외국과 비교할 때 상대적으로 낮은 비율을 보이고 있다. 서울대학교와 연세대학교의 교양강좌 비율은 교양, 전공, 선택과목을 기준으로 할 때 미국 하버드대학교의 교양강좌 비율보다 약 10%나 낮은 것으로 나타났다.[44] 또한 대학에서의 교양교육은 과거와 비교하면 내용이 다양해지고 선택의 폭도 넓어진 것이 사실이지만, 그 내용에서는 학생들에게 미학적 우주관과 사회적 역사관, 형이상학적 세계관을 심어주기는커녕 파편화된 지식을 전수하는 상식적 수준의 교육으로 변모하고 있다. 비판적인 사고를 통해 인간이나 역사, 세계에 대한 주체적인 가치관을 형성하게 하는 교육이 점차 줄어들고, 가볍고 단편적인 지식을 전달하는 교육이 늘어나는 현상은 문제가 아닐 수 없다.[45]

인문학이 부딪힌 위기를 타개하려는 방안으로 주로 제시된 것이 인문학 영역 전체를 사회과학의 기초 영역과 함께 문화학부의 성격을 갖는 교양학부로 전환하는 것에서부터, 일부 전공영역을 지역 문화학 혹은 문화 관련 전공으로 변화시키거나 문화 관련의 새로운 전공을 창설하는 것이었다.[46] 하지만 그 역시 인문학 영역 전체를 사회과학의 기초 영역과 함께 문화학부로 만든다는 방안은 상당히 대규모적인 변혁이기 때문에, 그러한 방안의 도입은 그것이 초래할 수 있는 부작용 등을 고려하여 보다 신중한 검토를 통해서 이루어져야 한다.

4. 인문학의 과제: '시민 인문학' 교육콘텐츠의 체계적 준비

지금까지는 우리나라의 중등교육과 대학교육에서 인문학과 인문학 교육에 대한 실태와 진단, 그리고 문제점들을 살펴보았다. 그렇다면 이제는 우리나라의 인문학과 인문학 교육이 그 방향성을 어디에 두어야 하느냐는 과제를 마지막으로 남기고 있다. 특히 대학은 내적으로 인문학 교육의 내실화를 모색해야 하면서도 동시에 외적으로는 대중과 시민을 위한 시민 인문학 교육 콘텐츠 개발에 매진해야 하는 이중적 과제를 안고 있다.

사실 그동안의 인문학자들에게 있어 전문적 연구와 대중적 전파 작업은 인문학과 인문학 교육의 양 날개이지만 인문학자들이 "대중적인 책을 내면 이단아 취급"을 받은 것이 사실이다.[47] 지난 몇 년간의 인문학 서적의 판매율을 볼 때 인문학 서적에 대한 대중적 수요는 매우 크다고 할 수 있다.

교보 서적매출 중 인문학 서적 비율(2006년도 기준)

유형			판매율
인문 서적	소설	8.40%	24.15%
	시/에세이/기행	7.02%	
	인문	5.81%	
	외서(양서) 인문	2.92%	

그럼에도 불구하고 2006년 교보문고 인문학 부문 베스트셀러

20권 중 단 2권만 대학교수의 저서였다. 이것은 대학의 교수들이 대중과 시민에 대한 인문학의 연구나 교육의 다양한 방법론 개발, 혹은 교육 인프라 구축에 미흡했다는 것을 의미한다. 하지만 최근에 직장인과 대학생은 물론 주부, CEO 등 다양한 계층을 대상으로 한 인문학 강좌가 수없이 생겨났다. 주민 센터마다 인문학 강좌를 듣기 위해 주민들이 북적이고, 회사에서는 특강을 열며 직원들에게 인문학적 소양을 강조하고 있다고 한다. 그럼에도 불구하고 이러한 시민 인문학 열풍과 관심을 뒷받침할 인문학 교육 프로그램이 체계적으로 준비되어 있지 않다. 더욱이 유명 인문학자들의 강연과 특강으로 대중이나 시민들의 인문학에 대한 열정을 담아내기에는 한계가 있다. 이제 대학은 시민 인문학과 인문학 교육에 대한 새로운 패러다임을 형성할 준비를 해야 한다. 그래야만 '실용'이라는 이름 아래 대학 강단에서 위태롭게 사라져갔던 인문학 교육도 입시 매몰된 중등교육에서의 인문학 교육의 목표도 제자리를 찾아갈 수 있다.

지금은 우리의 인문학과 인문학 교육이 보다 현실적인 문제에 고민해야 할 시기다. 여기서 말하는 현실이란 곧 우리가 몸담은 공간이다. 정보화 시대에 있어 익명성에 기대어 날마다 서로 마주 대하면서 어느 정도의 불확실성과 안정성, 가변성과 항상성을 함께 지니고 있는 생활세계가 곧 우리 대중과 시민들의 일상이다. 이미 현대철학자 하이데거(M. Heidegger)는 일상성 속에 묻혀 버린 일상인, 일반인의 특징을 "잡담(Gerede), 호기심(Neugier), 애매함(Zweideutigkeit)"에서 찾았다.[48] 따라서 이러한 일상에서의 갈등을 반복하는 시민들은 정신적이고 문화적 좌표를 지금의 인문학이 제시해 주길 바라고 있다. 또한, 이에 부응하는 체계적인 인문학 교육 콘텐츠를 인문학자들과 대학은 마땅히 준비해야 한다.

4장 인문학의 역설과 미국의 인문교육

서민규

1. 인문학에 대한 역설적 현상

인문학(人文學)의 겉과 속을 잘 들여다보면 인문학에는 '역설(逆說)'이라는 단어가 참 잘 어울린다는 생각이 든다. 문사철(文史哲)로 대표되는 인문학에 대한 일반적인 평가에는 '비인기', '전망 불투명', '위기'라는 부정적인 수식어가 늘 따라붙곤 한다는 점에서 배고픈 학문으로 치부되곤 한다. 그렇기에 인문학을 전공한다는 것은 배곯는 미래를 뻔히 알면서도 그 속에 뛰어드는, 마치 불나비가 불을 향해 뛰어드는 것과 같은 역설적인 현상이 벌어지는 셈이다.[49]

그런데 그런 인문학에 '역설'이란 단어가 어울린다고 생각하게 된 것은 늘 그렇고 그런 수식어만을 달고 다녔던 인문학이 그 존재 이유를 의심받았던 적은 단 한 번도 없었다는 사실에서 기인한다. 인문학은 말 그대로 인간 삶에 본질적이면서도 필연적인 것들을 다루며, 그렇기에 인문학을 전공한다고 하면 내공 있는 공부를 하는 것으로써, 삶의 진리와 지혜를 추구하는 진정한 학문을 추구하는 것으로 인정받아 어깨가 으쓱하기도 했다. 인문학도에게 이러한 자부심마저 없다면 인문학 위기의 현실 앞에서 쉽사리 자신의 길을 잃게 되어 인문학 저변의 상실이라는 악순환의 연결고리에 휩쓸리고 말 것이다.

지금 우리가 살아가는 사회는 인문학 '역설'의 긍정적 국면에 접어든 듯하다. 말하자면 인문학은 늘 역설적인데, 그럼에도 불구하고 지금 우리의 인문학은 부정적인 측면보다는 오히려 긍정적인 측면이 더 부각되는 시기에 호황을 누리고 있는 것 같다. 시대의 아이콘으로 추앙받던 스티브 잡스가 생전에 "애플은 언제나 인문학과 기술의 교차로에 있다."라고 말한 것과 그리고 대통령 후보로 나섰던 안철수가 국가 비전 제시와 정책 결정에 인문학의 중요성을 강조한 사례들이 인문학에 대한 관심을 촉진하는 결과를 낳았고, 이를 계기로 CEO를 위한 인문학 강연을 비롯하여 각종 미디어를 통한 인문학 특강, 그리고 북카페에서 열리는 많은 책 읽기 모임들이 인문학을 주제로 성황을 이룬다. 지금만큼 인문학이 관심을 받고, 인문학 공부가 열풍이었던 적은 없었던 것 같다.

이왕 이렇게 된 바에야 나는 지금의 인문학 열풍이 한국사회가 인문학의 중요성과 그 역할에 대해 진지하게 성찰하는 계기가 되었으면 한다. 인문학적 저변이 국가 발전의 동력으로 작용하기까지는 많은 시간이 필요할 것이다. 그 결과가 곧바로 성과로 도출되지 않는다 하더라도, 중요한 것은 인문학의 비전과 그 역할을 성찰하고 그것을 정책과정에 구체화하는 것이다. 미국은 1950년대부터 인문적 자산의 필요성을 통찰하고 인문학 진흥을 법제화하는 등 국가의 미래를 위한 비전에서 인문학의 중요성을 미리부터 감지했다. 이를 주도 했던 케네디(Kennedy, John Fitzgerald) 대통령은 예술과 인문학이 국가의 기초자원이 될 것임을 확신하며, 다음과 같이 연설한 적이 있다.

> "나는 이러한 주장과 실행이 세계 전체에 적용된다고 믿는다. 왜냐하면, 우리의 문화생활이 진보하고 강화됨에 따라 미국을 넘어 세계로 발산되기 때문이다…… 우리는 우리의 문화적 활력을 다시 깨닫고, 되살아나게 하고 무엇보다도 제약 없이 성장하도록 새로운 에너지를 제공해야 한다는 진정한 르네상스 개념을 발전시켜야 한다."

한국의 문화가 한류라는 이름으로 세계화되어가는 지금, 한국 문화의 르네상스를 이루려면 유튜브 조회 수에 연연하기보다는 장기적인 안목을 갖고 깊이 있게 성찰하는 자세가 필요하다. 그리고 이는 인문학이 제공하는 굳건한 문화적 기초 위에서 가능할 것이다.

2. 융합적 인재양성의 산실, 미국의 인문교양대학

미국 전역에 산재해 있는 200여 개의 인문교양대학(Liberal Arts College)은 미국의 고등교육이 갖고 있는 특징 가운데 하나이다. 인문교양대학은 말 그대로 인문학을 기반으로 고등교육을 설계하고 교육하는 대학이다. 4년의 정규과정을 마친 학생들은 인문교양학사 학위(Bachelor of Liberal Arts)를 받게 된다. 일반 종합대학보다 규모는 작지만, 대학의 평판도와 사회에 배출되는 졸업생들의 자질을 고려하면 아이비리그 급 대학에 버금간다. 실제로 인문교양대학 졸업생들이 타 대학의 전문대학원 과정에 진학하여 박사학위를 취득하는 비율이 일반 종합대학의 학부 졸업생보다 월등히 높다. 미국의 인문교양대학은 인문학의 위기해소와 인문학의 발전방향 및 그 사회적 역할을 고민하는 우리에게 좋은 모델이 될 것이다. 아래에서는 미국 교육제도에서 인문교양대학이 갖는 의미와 역할에 대해 개괄하고, 대표적인 인문교양대학인 세인트존스 대학교와 리드 대학(Reed College)의 사례를 살펴본 후에 우리에게 시사되는 점들을 살펴본다.

2-1. 인문교양대학의 의미와 역할

인문교양대학은 미국의 역사와 함께한다. 신대륙의 발견으로 북아메리카에 이주한 유럽인들이 교육전통의 명맥을 유지하기 위해 설립하였던 것이 인문교양대학이다. 미국 대학의 다양한 모형 중 가장 오랜 역사를 가진 인문교양대학은 특히 영국 대학의 전통을 이어받아 중세 유럽 대학의 인문주의 교육방식을 모델로 하고 있다. 중세 대학교육의 핵심교과는 문법, 수사학, 변증학(논리학), 수학, 기하학, 천문학, 음악이었는데, 이를 7개의 자유학문(Liberal Arts)으로 규정하였다. 이후 자연, 윤리, 형이상학의 철학을 이수하게 되면 석사학위를 받아 교단에 설 수 있게 되었고, 전문적 교육을 목표로 하는 경우는 법학, 의학, 신학과 같은 전문 과정에 진학하여 그 분야의 박사가 되는 교육체계를 갖고 있었다.[50] 유럽대륙으로부터 이어받은 이러한 자유학문의 전통은 인문교양대학 설립의 이론적 기초가 되었고, 현재까지도 인문교양대학의 정신으로 남아있다.

이러한 전통을 이어받은 미국 인문교양대학은 대학의 역할이 학생들의 취직을 목표로 하는 취업자 양성에 있는 것이 아니라 말 그대로 '교육' 그 자체에 있다. 직업 훈련은 전문 학위과정에서도 충분하므로 학부과정에서는 순수하게 학문에 몰두하여 인간과 세계를 올곧게 성찰하는 힘을 기르는 것이 중요하다는 것이다. 따라서 인문교양대학에는 직업 훈련을 목적으로 하는 학과와 교과는 없다. 다른 종합대학과는 달리 학교의 목적 자체가 대규모의 연구나 대학원 전문 교육 등에 있지 않다. 이러한 목적은 종합대학이 지향하는 연구 중심, 대학원 중심 대학에서 담당할 수 있고, 학부를 중심으로 하는 인문교양대학에서는 자유학문의 정신을 실현하여 참된 '인간'을 양성하는 데 노력을 집중한다. 우수한 인문교양대학을 졸업한 학생들은 인문학적 소양은 물론이고 전문인이 될 수 있는 자질들을 갖추고 사회의 각계각층으로 진출하여 그들의 소임을 다하고 있다. 얼마 전 타계한

스티브 잡스 역시 인문교양대학 출신이다. 그는 애플의 성공을 인문학과 기술의 조화라고 언급한 바 있다. 인문교양대학에서 명맥을 유지하고 있는 이러한 인본주의 정신은 단순히 서구 유럽 전통의 계승이라는 차원을 넘어 일류 국가로 성장한 미국의 힘과 저력을 형성하는 바탕을 이루고 있다.

인문교양대학은 소규모 교육 공동체다. 대부분 인문교양대학은 학생 수 1,500명을 넘지 않으며 학생 대 교수 비율이 15대 1 수준이다. 학생과 교수 간의 유대관계를 형성하여 교육 공동체로서의 역할을 수행하기 위해서는 이 정도의 규모가 가장 적절하다고 본다. 실제로 인문교양대학에서 진행되는 수업은 대부분 소규모 세미나와 개인지도 과목으로 구성되어 있다. 학부 수업이 대학원생이나 강사들로 채워지는 종합대학에서는 상상도 할 수 없는 일일 것이다. 그나마 30명 이하의 강좌는 수강인원 미달로 폐강되는 것이 종합대학의 현실이라면, 인문교양대학에서는 오히려 15명 이하의 세미나식 수업에서 진정한 교육이 이루어진다고 믿는다.

소규모 세미나 -개인지도 중심 교육시스템은 교육의 질을 향상하는 핵심이다. 학생들은 고전을 중심으로 선택되는 교재를 읽고 교수와 함께 진행하는 토론을 통해 깊이 있는 성찰이 가능하다. 보고서만 제출하고 점수를 받는 것이 아니라 보고서를 쓰는 모든 과정에서 교수로부터 피드백을 받을 수 있으며, 논문으로 발전시킬 기회도 마련할 수 있다. 실제로 아이비리그와 같은 유수의 대학원에서 철학박사학위(Ph.D.)를 받는 사람들은 종합대학의 학부가 아닌 인문교양대학

출신이 많다는 조사결과도 있다.

과학 수업에서는 과학이론을 검증하기 위해 직접 실험을 진행할 수 있다. 수많은 과학자를 배출한 리드 대학은 심지어 학생들의 과학 기초교육을 위해 실험용 원자로를 보유하고 있기도 하다. 과학 발전에 공헌하고 있는 미국 소규모 대학들의 역할에 대해 연구했던 프레드릭 스타(Frederik Starr) 교수에 따르면, "선도적인 인문교양대학들은 과학자들을 훈련하는 미국의 고등교육기관에서 거의 최상의 위치를 차지하고 있다. 이러한 성공은 이들 대학에서 이루어지는 강의, 교수, 연구 간의 밀접한 관계에서 비롯되는 것이다. …… 선도적인 인문교양대학은 자연과학 분야에서 상당히 생산적일 뿐만 아니라 상대적으로 비용 효과적이라고 말할 수 있다."[51] 인문교양대학은 참된 인간성 실현을 목적으로 자유학문을 교육하지만, 인문교양대학의 성과가 인문학 및 인문학 교육에 국한되어 있지 않음을 시사하는 대목이다. 실제로 인문교양대학을 졸업한 인재들은 아이비리그 대학의 대학원에서 학업을 완성하여 각 분야의 훌륭한 학자와 전문가로 성장한다. 스티브 잡스가 다녔던 리드 대학의 경우 과학자 배출 비율이 미국 전체 대학에서 2위를 차지하고 있다.

그렇다면 인문교양대학에서는 무엇을 배우고 어떻게 가르치고 있는지, 졸업생들은 사회에 진출해 어떤 역할들을 하며 미국의 발전에 공헌하고 있는지 세인트존스 대학교와 리드 대학의 사례를 통해 좀 더 자세히 알아보자.

2-2. 세인트존스 대학교의 경우

미국의 인문교양대학 중 가장 개성 있는 대학 중 하나가 세인트 존스 대학교이다.[52] 1696년 킹 윌리엄 스쿨(King William's School)로 시작한 세인트존스 대학교는 1784년 대학인가를 받아 현재는 메릴랜드 주 아나폴리스 시와 뉴멕시코 주 산타페이(Santa fe)시에 캠퍼스가 있다. 모체인 킹 윌리엄 스쿨은 영국에서 미국으로 이주한 프리메이슨이 설립한 학교인데, 세인트존스 대학교로 설립허가를 받은 이후로는 학생들에게 특정 종교의 신념을 강요하지는 않으며 모든 종교의 학생들이 입학할 수 있도록 하였다.

세인트존스 대학교는 다른 인문교양대학과 마찬가지로 소규모 특성화 대학이다. 학부 입학정원은 캠퍼스별로 450명 선이고, 석사과정은 150명의 정원을 유지하고 있다. 교원의 숫자는 양 캠퍼스를 합쳐 160여 명인데, 이는 석사과정 재학생보다 많은 숫자이며 학부 학생 대비 교수 비율이 8:1이다. 소규모 세미나와 개별 지도식 수업을 진행하기에 가장 이상적인 규모이다.

세인트존스 대학교는 학과도 전공도 없다. 모든 재학생이 하나의 커리큘럼으로 4년을 공부한다. 모든 정규과정을 마치면 교양학사(Bachelor of Liberal Arts)를 받게 된다. 교양학사 학위로 무엇을 할지 의아해 할 수도 있겠지만, 졸업생들은 전문 학위를 위해 진학하거나 전문직으로 진출하는 비율이 높기로 유명하다. 아마 이것이 세인트존스 대학교를 특별한 대학으로 만드는 원동력일 것이다.

전교생이 이수해야 하는 세인트존스 대학교의 유일한 커리큘럼

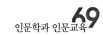

은 "명저 프로그램(Great Books program)"으로 알려졌다. 서양 문명을 대표하는 철학, 신학, 수학, 과학, 음악, 시, 문학 작품들을 선정하여 4년 동안 읽고 토론하며 글을 쓰는 것이 학사과정의 전부이다. 편집된 교재나 이차 서적을 사용하는 일반 대학과는 달리 세인트존스 대학교에서는 원전만을 텍스트로 사용한다. 필요한 경우 교수들은 자신들이 직접 만든 매뉴얼만 제공한다.

단일한 커리큘럼에도 불구하고 학생들의 학습량은 만만치 않다. 수학과 언어, 음악 과목은 토론에 기초한 개인지도(tutorial) 수업으로 이루어진다. 수학 시간에는 수학사에서 중요한 명제나 공식을 직접 증명하는 방식으로 튜터(tutor)와의 토론이 진행된다. 언어 시간에는 번역 발표가 위주를 이루는데, 세인트존스의 1~2학년 학생들은 그리스어를, 3~4학년들은 불어를 필수로 이수해야 한다. 언어 역시 개인지도 수업이므로 졸업을 한다는 것은 최소한 두 언어를 통달한다는 것을 의미한다. 이러한 개인지도 수업이 가능한 것은 8:1을 넘지 않는 교수 대 학생 비율 때문이다. 세미나식 강의도 많아야 20명이 정원이다. 고학년을 위한 소규모 토론수업(preceptorial)은 정원이 3명에서 9명으로 한정된다.

전 과정이 소규모 토론과 발표식 수업이다 보니 학생에 대한 평가는 토론과 발표 참여도, 그리고 보고서 평가를 중심으로 이루어진다. 객관식 평가인 중간고사나 기말고사는 따로 없다. 과목마다 최종학점이 부여되긴 하지만 중요한 것으로 생각하지는 않는다. 학생들의 요청이 있을 때만 최종학점이 개별적으로 공개되는데, 자신의 학점을 알고자 하는 학생은 극히 드물다고 한다. 오히려 튜터들의 개별 평가서가 성적표보다 더욱 중요하게 인식된다(참고로 세인트존스 대학교에서는 모든 교수를 튜터로 부른다).

명저 프로그램 하나만으로 대학을 유지할 수 있다는 것이 우리의 상식으로는 이해하기 힘들지만, 명저 프로그램 때문에 세인트존스 대학교는 인문교양대학으로서의 명성을 유지하고 있으며, 결과적으로 다른 대학과의 차별화에도 성공했다고 볼 수 있다. 『Cool Colleges』의 저자 도널드 애셔(Donald Asher)에 따르면 1930년대 미국의 대공황기 때 세인트존스 대학교는 재정적 문제로 인해 문을 닫을 위기에 처했지만, 명저 프로그램이 대학의 상징으로 자리 잡음으로 인해 대학 특성화에 성공하여 위기를 극복할 수 있는 원동력이 되었다고 한다.[53] 미국의 저명한 언론인이자 정치평론가였던 왈터 립맨(Walter Lippman)은 세인트존스 대학교의 명저 프로그램을 지칭해 미국의 르네상스를 완성할 밑바탕이 될 것이라고 칭송한 바 있으며, 뉴욕 타임즈는 기사를 통해 세인트존스 대학교의 명저 프로그램이 현실과 동떨어졌다는 악평을 받기도 하지만, 그럼에도 불구하고 학문적 엄밀성을 유지하면서도 대학의 명성을 대중들에게 인식시키는 데 성공한 사례로 언급하기도 했다.[54]

그렇다면 세인트존스 대학교의 명저 프로그램은 어떻게 구성되고 운영될까? 4년 동안 문학, 언어, 수학, 철학, 정치학 분야의 명저를 읽고 세미나와 개인지도 수업을 이수해야 한다. 4학년이 되기 전 3년 동안은 실험과학 과목을 이수해야 하고, 1학년 때 합창 수업을 끝내고 나면 2학년에 올라가서는 본격적인 음악 수업을 이수하게 된다. 학년별로 읽고 토론해야 할 고전 목록은 다음과 같다.

세인트존스 대학교 아나폴리스 캠퍼스 고전목록[55]

학년	고전목록
1학년	호머: 일리아드 / 호머: 오디세이 / 플라톤: 메논 / 아이스킬로스: 아가멤논 / 아이스킬로스: *Libation Bearers*; *Eumenides* / 플라톤: 고르기아스 / 플루타르크: *Lives* Lycurgus; Solon / 헤로도토스: *History* / 플라톤: *Republic* / 아리스토파네스: *Clouds* / 플라톤: *Apology and Crito* / 플라톤: *Phaedo* / 투키디데스: *Peloponnesian War* /플라톤: *Symposium*
2학년	성경: 창세기, 출애굽기, 레위기, 사무엘기, 열왕기, 시편, 아모스, 요나, 이사야, 욥기, 루크레티우스: *De Rerum Natura* / 버질: *Aeneid* / 플루타르크: *Lives Caesar* / 타키투스: *Annals* / 에픽테토스: *Discourses and Handbook* / 성경: 마태복음, 누가복음, 사도행전, 요한복음, 요한서간집, 고린도전서, 로마서, 야고보서 / 플로티노스 / 아우구스티누스: *Confessions* / 안셀무스: *Proslogium* / 토마스아퀴나스: *Summa Theologiae, Prima Pars*
3학년	세르반테스: 돈키호테 / 데카르트: 성찰 / 파스칼: 팡세 / 밀턴: 실낙원 / 홉스: 리바이던 / 스피노자: *Theologico-Political Treatise* /라이프니츠: *Discourse on Metaphysics, Philosophical Essays, Principles of Nature and Grace*
4학년	톨스토이: 전쟁과 평화 / 헤겔: 논리학(Part One of the *Encyclopedia*), 정신현상학 / 헤겔: 정신현상학 / 마르크스-엥겔스: 공산당선언, 자본론, 자본 / 마르크스: 독일 이데올로기 / 키르케고르: *Fear and Trembling, beginning* – Problema I, *Philosophical Fragments* / 멜빌: *Benito Cereno*

중간고사나 기말고사와 같은 강의내용의 이해도를 평가하기 위한 시험은 별도로 없다. 학생들은 세미나의 토론 참여도와 기말 소논문으로 평가받는다. 개인지도 수업을 마치고 제출하는 소논문은 보통 10장 이하로 제출하고, 세미나 후 제출해야 할 소논문은 그보다 분량이 많은 것이 관례화되어 있다. 소논문은 연구논문의 성격을 띠

72 인문학적 상상력

는 것이 아니라 해당 세미나의 내용과 관련한 고전이나 이론을 얼마나 잘 소화하고 어떤 문제를 제기할 수 있는지 자신의 잠재력과 발전 가능성을 보여줄 수 있어야 좋은 점수를 받을 수 있다고 한다. 제출하는 소논문 가운데 2학년 말에 제출하는 논문(sophomore annual essay)은 매우 중요하다. 튜터들은[56] 이 논문의 질을 평가하여 3학년으로의 진급을 결정하기 때문이다. 보통 5%~10%의 학생들이 진급 결정 위원회에 회부되며 그중 일부가 탈락하는데, 탈락한 학생은 1년 후 3학년 진급시험에 다시 응시할 수 있다. 물론 4학년 말에는 졸업을 위한 최종논문(senior essay)을 써야 한다. 더더욱 특별한 것은 제출하는 최종논문은 4년 동안 읽었던 원전과 순수한 자신의 아이디어에 충실해야 한다는 것이다. 다른 연구물이나 2차 서적에 대한 참고는 요구되지도 않고 논문을 평가하는 요소가 되지 않는다.

제출된 논문과 세미나 토론 참여도에 대한 평가는 구술평가 방식으로 진행되는데, 학생들이 필독서는 꼼꼼히 읽었는지, 세미나 토론 내용은 제대로 따라왔는지, 제출한 논문의 질은 어떤지 대면으로 평가할 수 있는 중요한 순간이다. 세인트존스 대학교만의 독특한 평가 방식이라고 할 수 있는 구술평가는 "Don Rag"라고 불리는데, 세미나를 담당했던 2인의 튜터들이 해당 학생을 앞에 놓고 서로 대화하는 방식으로 진행된다. 대화의 내용은 한 학기 동안 해당 학생의 세미나 토론 참여와 제출한 논문에 관해 총평하는 것인데, 해당 학생은 튜터들의 대화 내용에 대해 반론하거나 첨언할 기회를 가진다. 이러한 전통은 옥스퍼드에서 유래한 것이라고 한다. 세인트존스 대학교에서는 구술 평가서가 성적표보다 더 중요한 의미가 있는데, 이는 취업이나 진학 시 성적표보다 더 중요한 평가 자료로 제시된다.

미국의 인문교양대학 중에서도 가장 인문학 중심이라고 할 수 있는 세인트존스 대학교는 미국사회에 미치는 영향력도 남다르다. 졸업생의 인문학 분야 박사학위 취득률이 미국 대학 중 5위를 차지하고 있으며, 졸업생의 81%가 교육, 공학, 법학, 의학과 같은 전문분야에 종사하는 것으로 알려졌다. 구체적으로 미국 고등교육기관 관련 통계자료에 따르면, 1992년에서 2001년 사이 인문학과 영문학 분야의 박사학위 취득률은 전국 최고이고, 정치학, 언어학, 외국어학, 지역학, 수학, 컴퓨터 과학 분야의 박사학위 취득률도 10위권 안에 속하는 것으로 나타났다.[57]

그러나 세인트존스 대학교는 일부 사설기관에 의해 이루어지는 대학별 순위경쟁을 거부하고, 다른 120여 개의 인문교양대학과 연합하여 2005년부터 대학의 자료를 순위집계 기관에 제공하지 않는다. 대학 서열화가 교육에 미치는 악영향이 너무나 크다고 판단했기 때문이다. 세인트존스 대학교의 교육시스템은 계량화된 점수로 학생을 평가하고 계량화된 지표로 대학을 평가해서는 안 된다고 주장한다. 학생들에게 중요한 것은 입학점수가 아니라 학업에 대한 열정과 노력이며, 대학에서 진정 중요한 교육과 학문은 수치로 정량화하여 우위를 가릴 수 있는 것이 아니라고 판단하기 때문이다. 그럼에도 불구하고 세인트존스 대학교는 학문적 엄밀성과 전통을 유지하는 대학으로 여전히 손꼽히고 있다. 프린스턴 리뷰(Princeton Review)는 2005년

조사에서 세인트존스 대학교 산타페이 캠퍼스를 학생이 행복한 대학 7위, 아나폴리스(Annapolis) 캠퍼스는 17위로 평가했고, 교수 접근도와 수업토론 평가에서는 1위, 교수의 자질과 기숙사 환경 평가에서는 6위의 점수를 부여하고 있다. 포브스(Forbes)는 2009년 대학순위평가에서 세인트존스 대학교를 미국대학 서열 89위로 평가하였고, 뉴스위크(Newsweek)는 올해 미국에서 교육적으로 가장 엄정한 대학으로 세인트존스 대학교를 꼽았다.[58]

2-3. 리드 대학의 경우

세인트존스 대학교가 인문학 분야의 인재를 양성하는 인문교양 대학이라고 한다면 리드 대학은 인문학을 기반으로 한 융합형 과학 인재 양성을 목표로 하는 대표적 인문교양대학이라고 할 수 있을 것이다. 조사에 따르면 미국을 빛내는 과학자를 배출하는 학부는 캘리포니아 공과대학(Caltech)에 이어 리드 대학이 두 번째로 꼽힌다. 특히 생물학 분야는 미국에서 첫 번째로 손꼽히고, 화학과 물리학 역시 다섯 손가락 안에 꼽을 수 있는 역량을 과시한다. 과학 분야뿐만 아니라 리드 대학의 졸업생들은 박사학위 취득률이 아주 높은 편인데, 역사, 정치학, 철학 분야에서도 두각을 나타내고 있다.[59] 뉴욕 타임즈의 교육담당 편집장이었던 로렌 포프(Lauren Pope)는 그의 저서 『내 인생을 바꾸는 대학(Colleges That Change Lives)』에서 "진정으로 학문하기 원하고 그렇게 할 수 있도록 도와주는 학부를 원한다면 하버드, 예일, 프린스턴, 시카고나 스탠퍼드로 갈 것이 아니라 오레곤주의 포틀랜드에 있는 리드 대학으로 가라."[60]고 극찬할 정도이다.

리드 대학은 1908년, 서부 개척자이면서 사업가인 시메온 리드 (Simeon Gannett Reed)에 의해 설립되었다.[61] 학부 학생은 1,400여 명이고 교수는 136명 정도이다. 학생 대 교수 비율이 10:1을 넘지 않도록 유지하고 있다. 리드 대학은 1학년 신입생들이 반드시 이수해야 할 엄격한 인문학 프로그램, 까다롭기로 소문난 졸업논문 제도, 학부생들의 과학 교육을 위해 자체적으로 보유하고 있는 원자로와 졸업생들의 높은 박사학위 취득률로 잘 알려졌다. 학생대비 교수 비율로 알 수 있듯이 리드 대학에서의 교육 역시 세인트존스 대학교와 마찬가지로 세미나식 수업과 개인지도 수업이 주를 이루고 있다. 모든 분과 및 학과 소속의 학생들은 교양교육의 뼈대를 이루는 인문학 필수 강좌를 반드시 수강해야 한다. 3학년 때는 4학년 진급 자격시험을 치러야 하고, 4학년으로 올라가면 졸업논문 작업에 매달려야 한다. 졸업논문은 단순히 긴 분량의 글이 아니라, 해당 교수의 개별 지도를 받아 1년을 송두리째 투자해야 한다. 리드 대학에서의 졸업논문은 4년 동안의 학문적 경험을 토대로 새로운 지식을 발굴할 수 있는 능력이 있는지, 그리고 여러 분야의 학문적 토대들을 융합할 수 있는 능력이 있는지에 그 기준을 두고 있다. 기초와 융합을 강조하는 엄격한 학사과정이 리드 대학을 미국을 선도하는 미래 과학자를 양성하는 인문교양대학으로 만들었다고 하겠다. 리드 대학은 학사과정을 다섯 개의 분과영역과 인문학 프로그램으로 다음과 같이 나누고 있다.

학부 분과영역 및 학과

분과영역	학과
예술	미술, 무용, 음악, 연극
역사와 사회과학	역사, 인류학, 경제학, 정치학, 사회학, 국제–비교 정책 프로그램
문학과 언어	고전, 중국어, 영어, 불어, 독일어, 러시아어, 스페인어, 문예창작, 문학 일반 프로그램
수학과 자연과학	수학, 생물학, 화학, 물리학
철학–종교–심리–언어	철학, 종교학, 심리학, 언어학

인문학 프로그램

인문학 110	서양 인문학 입문
인문학 210	근대 초기 유럽
인문학 220	근대 유럽 인문학
인문학 230	중국문명의 기초
인문학 411	4학년 심포지엄

인문학 프로그램 중 Humanities 110은 신입생들이 이수해야 할 필수 과정인데, 서양 문명의 출발점인 고대 그리스와 로마의 문학과 역사, 예술, 철학을 광범위하게 학습하게 된다. 이 과정에서 사용하는 고전 필독서는 다음과 같다.

2011년 봄학기	• 아리스토파네스, *The Frogs*, trans. Lattimore, ed. Arrowsmith(University of Michigan Press) • 아리스토텔레스, *Politics*, trans. *Reeve*(Hackett) • 아리스토텔레스, *The Nicomachean Ethics*, trans. Irwin(Hackett) • *The New Oxford Annotated Bible with the Apocrypha* New Revised Standard Version: College Edition(Oxford Univ. Press) • 키케로, *Selected Works*, trans. M. Grant(Penguin) • 리비, *The Rise of Rome*(Oxford) • 루크레티우스, *On the Nature of Things*(Focus Philosophical Library) • 오비드, *Metamorphoses*, trans. Melville(Oxford) • 페트로니우스, *Satyricon*, trans. R.B. Branham(University of California Press) • 플라톤, *Republic*, trans. Reeve(Hackett) • 플라톤, *Trial and Death of Socractes*(Hackett) • 플라우투스, *The Pot of Gold and Other Plays*, trans. E.F. Watling(Penguin) • Sallust, *Catiline's War, Jurgurthine War, Histories*, trans. AJ. Woodman(Penguin) • 세네카, *The Stoic Philosophy of Seneca*(W. W. Norton) • 테오크리토스, *Idylls*(Oxford World Classics) • 버질, *The Aeneid*(Bantam Doubleday Dell) • *Various readings on the Roman World available on e-reserves*
2011년 가을학기	• 아이스킬로스, *The Oresteia*, trans. Fagles(Penguin) • 아이스킬로스, *Prometheus Bound&Other Plays*, trans. Vellacott(Penguin) • *New Oxford Annotated Bible with the Apocrypha*, trans. Coogan, et al(Oxford) • 쿠르드, ed., *Presocratics Reader: Selected Fragments and Testimonia*, trans. McKirahan(Hackett) • 에우리피데스, *Euripides V: Electra, The Phoenician Women, The Bacchae*, trans. Grene and Lattimore(Chicago) • 헤로도토스, *The Histories*, trans. Selincourt(Penguin) • 헤시오도스, *Theogony, Works and Days, and Shield*, trans. Lombardo(Hackett) • 호머, *The Odyssey*, trans. Fagles(Penguin) • 마틴, *Ancient Greece*(Yale) • 밀러, *Greek Lyric: An Anthology in Translation*(Hackett) • 소포클레스, *Sophocles I: Oedipus the King, Oedipus at Colonus, Antigone*, trans. Grene and Lattimore(Chicago) • *The Tale of Sinuhe and Other Ancient Egyptian Poems*, trans. Parkinson(Oxford) • 투키디데스, *The Peloponnesian Wars*, trans. Warner(Penguin) • *Various Readings on The Ancient Mediterranean and Western Asia available on e-reserves*

리드 대학 역시 세인트존스 대학교와 마찬가지로 1995년부터 대학 순위조사 기관인 유에스 뉴스(U.S. News)와 월드 리포트(World Report)에 정보제공을 거부하고 있다. 조사기관의 신뢰성 문제와 더불어 대학의 순위 경쟁이 대학의 교육철학과 어긋나며 심지어는 학문의 자유까지도 침해한다는 근거로부터 내린 결정이다. 그럼에도 불구하고 리드 대학은 학부 학생들이 최고의 학문적 경험을 할 수 있는 대학, 학부 학생들이 가장 열심히 공부하는 대학이라는 명성을 지켜가고 있다. 2006년 뉴스위크는 리드 대학을 미국의 신 명문대학 25개 중 하나로 꼽으며 "새로운 아이비리그" 대학으로 선정한 바 있다. 대학 입시 가이드를 제공하는 About.com은 리드 대학을 미국의 인문교양대학 중 가장 우수한 10개 대학 가운데 하나로 선정하였다.[63]

3. 사례 분석을 통해 본 인문학 비전

지금까지 미국 고등교육에서의 특성화 사례라고 할 수 있는 인문교양대학이 갖는 의미와 역할을 고찰하기 위해, 구체적으로 미국에 산재해 있는 인문교양대학 가운데 가장 이상적이면서도 대표적인 대학이라고 할 수 있는 세인트존스 대학교와 리드 대학의 사례를 학사운영과 교과편성을 중심으로 살펴보았다. 세인트존스 대학교와 리드 대학이 200여 개에 달하는 미국의 인문교양대학 전체를 대표한다고는 할 수 없겠지만, 인문학 기반 교육에 가장 충실하면서도 모범적인 결과를 미국사회에 제시하는 사례라고 생각한다.

세인트존스 대학교와 리드 대학이 가진 특성 가운데 첫 번째 특성을 꼽으라고 한다면 두 대학 모두 오랜 교육적 전통을 기반으로 한다는 점이다. 특히 세인트존스 대학교의 경우 영국식 교육의 영향을 받아 인문중심 자유교양(Liberal Arts)의 중세 학문적 전통을 철저히 유지하며 자신만의 정체성을 미국사회에 부각하고 있다. 리드 대학은 인문, 기초과학, 예술 등 기초학문 중심의 소규모 대학을 운영하면서 인문학 프로그램을 통해 우수 인재 양성의 기초를 제공하고 있다. '자유교양'이 인간성의 기초를 이룬다는 전통의 소중함을 알고 현대에 맞게 계승할 수 있었기에 경쟁력 있는 인문교양대학으로 살아남아 인재들을 미국 사회에 배출할 수 있었을 것이다. 인문중심 자유교양 교육이 대학의 교육철학이 될 때, 그리고 그것이 대학의 전통으로 자리 잡게 될 때, 대학의 정체성 확보와 경쟁력 강화라는 성과가 자연스럽게 따라오게 된다는 것을 두 대학의 사례를 통해 알 수 있었다.

세인트존스 대학교와 리드 대학이 보여주는 두 번째 특성은 튼튼한 소규모 교육 공동체를 성공적으로 형성하고 있다는 점이다. 세인트존스 대학교의 경우 입학생이 500명을 넘지 않으며, 교수대 학생 비율이 1:8이다. 리드 대학은 한 해 정원이 1,400명 정도이지만 교수의 숫자도 많아 교수대 학생 비율이 1:10을 넘지 않도록 유지된다. 소규모를 유지하는 것이 내실 있는 교육이 가능한 비결이고, 내실 있는 교육은 우수 인재 양성이라는 결과로 보상받는 구조를 이루고 있다. 대형 강의실에서 시간강사나 대학원 강의조교로부터 수업을 받고 중간 -기말시험을 통해 학점을 받는 것이 아니라, 세미나 수업을 통해 교수와 직접 토론하고 3~4학년에는 개인지도 수업을 통해 논문을 완성하는 과정은 두 대학과 같은 소규모 대학에서만 가능하다. 이러한 여건이 인재양성의 기초가 되어 대학의 명성을 만들게 되고, 재정적 지원과 뛰어난 교수진이 다시 두 대학에 찾아옴으로써 인문교양대학으로서의 명맥을 유지하고 발전해 갈 수 있는 밑거름이 된다. 재정적 지원과 우수한 교수진은 두 대학을 신흥 명문으로 만들고 엘리트 고등교육기관으로까지 발전할 가능성을 보여주고 있다.

두 대학의 사례는 국내 고등교육 현실과는 거리가 먼 것 같다. 학령인구의 급격한 감소와 교육기관의 세계화라는 두 가지 위기 요인에 봉착하여, 고등교육 기관의 구조개혁이 교육경쟁력 강화를 위한 시급한 현안으로 떠오르고 있는 시점에서 대학의 특성화 전략도 적극적으로 논의되어야 할 것이다. 그리고 그 중심에 지금의 인문학 열풍이 있다.

이상에서 살펴본 미국 인문교양대학의 사례는 변화의 시점에 놓여 있는 한국 고등교육을 개혁하는 데 의미 있는 모델이 될 것이다. 인문중심 자유교양 교육이 고등교육의 기초라는 교육철학을 토대로 하는 미국 인문교양대학의 교육이 결과적으로 인문학을 넘어선 다양한 분야의 인재를 양성하여 선순환 구조를 형성하고 있다는 사례는 한국 고등교육을 개혁하는 시점에서 하나의 방향을 제시해준다. 인문학과 인문학 교육의 강화는 단순히 인문학 위기를 극복하기 위한 것이 아니라 다른 모든 학문과 교육 발전은 물론, 융합형 인재 양성의 초석이 된다는 것을 세인트존스 대학교와 리드 대학의 사례를 통해 확인할 수 있었기 때문이다. 인문학은 언제나 역설적이지만, 인문학적 성찰로부터 수확하는 긍정의 열매는 한국의 문화 르네상스를 이끌 자산이 될 것이다.

제**2**부

인문학의 주제들

5장 사랑에 대한 인문학적 이해

서혜윤

1. 사랑이 갖는 의미

'사랑'이 갖는 의미는 종교적, 사회학적 측면에서 얼마든지 그 접근이 용이할 것 같은데, 철학적 접근은 왠지 생소할 수 있다. 하지만 사랑이라는 개념이 정의, 자유, 평등, 권리 등과 같이 경험적으로 접근할 수 없다는 점에서 형이상학적 문제에 속한다. 추상어로서의 사랑이 형이상학에 속하는 문제라는 점에서 사랑에 대한 철학적 접근은 오히려 자연스러울 수 있다. 사랑에 대한 의미를 철학(philosophy)이라는 개념과 관련지어 생각해 볼 경우, 어원적으로 철학이 지혜(sophia)에 대한 사랑이라고 했을 때[64] 여기에 '사랑(philo)'이라는 개념이 등장한다. 물론 '지혜에 대한 사랑'이 단순한 선호나 좋아함의 의미와는 다를 것이다. 말하자면 특정 사물에 대한 선호 정도로 받아들일 수 있는 문제는 아니다. 그러한 의미를 염두에 둔다면 '지혜'를 인간으로 대치시킬 경우 '인간에 대한 사랑'이 갖는 의미 역시 비중 있게 다가올 것이다. 비록 쉬운 문제는 아니지만, 이 점은 사랑을 어떻게 이해할 것인가에 대한 단서를 제공해 줄 수 있을 것으로 보인다.

일단 사랑에 대한 사전적 의미로는 '어떤 상대의 매력에 끌려 열렬히 그리워하거나 좋아하는 마음', '남을 돕고 이해하려는 마음', '어떤 사물이나 대상을 몹시 아끼고 귀중히 여기는 마음' 등으로 기술하고 있다. 그런데 여기에서 또다시 제기되는 물음은 과연 사랑에 대한 이와 같은 이해로 사랑이 갖는 의미를 충분히 제공해 줄 수 있는가 하는 점이 문제가 된다. 왜냐하면, 이를 그대로 받아들일 경우 서로 다른 관점에서도 공통되게 그 의미를 적용할 수 있느냐는 점이 문제가 되기 때문이다. 마치 고전적 의미의 '권리'와 근대적 의미의 '권리' 그리고 현대적 의미의 '권리' 등이 서로 다른 것과 마찬가지로 사랑 역시 그러할 것이기 때문이다. 더 나아가 사랑의 대상이 누구냐에 따라서도 그 의미가 공통적일 수는 없을 것이다. 왜냐하면, 부모와 자식 간의 사랑이 연인 사이의 사랑과 같은 의미로 받아들일 수는 없을 것이기 때문이다.

이 글의 목적은 사랑에는 어떠한 사랑이 있을 수 있는지에 대한 다양한 관점에 따른 사랑의 유형에 대해 살펴보고, 이러한 논의를 토대로 사랑의 속성과 관련하여 어떠한 조건을 충족시켜야 사랑이라고 할 수 있는지에 대해 살펴보는 데 있다. 나아가 그 적용이라는 측면에서 사랑의 실천에 대한 대안적 전망에 대해서도 아울러 음미해 보고자 한다.

2. 사랑의 본질

2.1 사랑에서 희생이 갖는 의미

사랑의 본성과 관련하여 니체에 따르면 우리가 흔히 생각하는 사랑은 사랑이 아니라고 말한다. 말하자면 우리가 일반적으로 생각하는 사랑이란 자신의 소유욕에서 비롯되기 때문에 진정한 의미의 사랑이 될 수 없다는 것이다. 소유욕은 상대방을 자기화하려는 욕망에서 비롯된다고 니체는 진단하고 있다. 그래서 그는 사람이 무언가를 소유한다는 것은 자기화하는 것과 다름없으므로 사랑 역시 상대를 자신의 것으로 소유하기 위한 욕망으로부터 비롯될 경우에는 곧 소유를 의미한다는 것이다. 또한, 사랑은 권위적이어서도 안 될 뿐만 아니라, 상대에게 강요해서도 안 된다. 만일 그럴 경우 그것은 사랑이라고 할 수 없으므로 사랑에 대한 이러한 논의 자체가 무의미하다는 것이다.[65]

사랑이라는 의미가 본질적으로 실현된 사례 가운데 하나를 들라고 한다면 자식에 대한 부모의 사랑을 들 수 있을 것이다. 비록 일방적인 사랑이기는 하지만 일반적으로 확인할 수 있으면서도 가장 고귀한 사랑에 속하기 때문이다. 물론 한쪽의 희생이 동반된다는 점에서 남녀 사이의 사랑 등과는 차별성을 지닌다. 이를 정치적인 측면과 연관 지어 생각할 경우 좀 더 흥미로운 사실을 발견할 수 있는데, 니체에 따르면 정치에서 지배하는 자는 자유롭다고 말하고 지배를 받는 자는 자신이 원해서 그 사람을 뽑았다고 여기지만, 실상은 상대에게 희생을 강요하는 것이고, 결과적으로 희생하도록 요구하는 것이라고 지적하고 있다. 이러한 전제로부터 니체는 강요된 희생을 동반하는 사랑은 사랑이 아니라는 결론을 도출해 내고 있다.[66] 물론 그 대상이 지배자와 피지배자와의 관계에 따른 강요된 희생을 동반된다는 점에서 부모의 자식에 대한 조건 없는 희생과는 근본적으로 다르다. 따라서 피지배자가 자신의 의지에 따라 지배자를 자유롭게 선택하기는 했지만, 결과적으로 지배자의 의도에 따라 희생이 강요된다는 측면에서 사랑이 갖는 본질적인 속성을 반영해 낼 수 없다는 의미를 함축한다. 어떻게 보면 이러한 사랑의 속성에 대한 추론이 충분히 공감할 수 있는 대목이다. 그 사례로 가족 간의 사랑을 염두에 두었을 때, 여기에서 요구되는 사랑은 희생을 동반하기는 하지만 강요된 희생을 동반하지는 않는다.

2.2 사랑의 형태와 사랑의 조건

에리히 프롬(E. Fromm)에 따르면, 가장 능동적으로 자신의 인격을 발달시키지 않으면 아무리 사랑하려고 노력해도 실패하기 마련이며, 이웃을 사랑하는 능력이 없는 한, 또한 진정한 의미에서의 겸손, 용기, 신념, 훈련이 없는 한, 개인적인 사랑도 성공할 수 없다고 말하고 있다. 사랑은 능동적인 힘이며, 인간과 인간 사이에 분리된 벽을 허물어 인간을 타인과 결합하는 힘이다. 말하자면 사람 사이에 소통을 위한 전제 조건이자, 상대를 감화시킬 수 있는 행위의 수단인 것이다.

사람 간의 관계에 따라 사랑이 적용되는 방식 역시 다를 것이다. 즉자(卽自)로서의 자신과 대자(對自)로서의 자신 사이에 작용하는 방식이 있을 것이고, 자신과 타자 사이에 작용하는 방식이 있을 것이다. 또한, 자신과 타자 사이에도 부모와 자식 사이, 형제들 사이, 남녀 사이에 작용하는 방식이 있다. 그래서 프롬에 따르면 사랑에는 5가지 형태가 있을 수 있는데, 즉 형제애, 모성애, 이성애, 자기애, 신에 대한 사랑이 그것이다. 하지만 이 모든 사랑에는 네 가지 요소, 즉 배려와 책임, 존경과 지식이 요구된다고 한다. 무엇보다 자신과 타인과의 관계를 전제했을 때, 타인에 대한 사랑은 자신의 태도에서 비롯되는데 그 태도는 일정한 지향점을 가진다. 말하자면 사랑이란 타인에 대한 자신의 태도에서 비롯된다는 점에서 타인에게 어떠한 태도로 접근할 것이냐는 것이 문제가 되기 때문이다. 이것은 스스로에 대한 인내심은 물론 겸손함을 그 전제로 한다. 이는 곧 자신의 마음(心)에 대한 수양에서 비롯되는데, 여기에는 지속성, 집중, 인내, 가치 지향성, 총체성 등과 같은 몇 가지 지향점을 갖추어야만 한다. 다시 말해 자신에 대한 마음을 다스림에 있어 게을리해서는 안 되며, 정신을 집중하고, 인내해야 하며, 무엇보다 관심을 기울이고 자신의 삶과 전체의 사랑을 관련지을 수 있어야 한다. 그런 점에서 사랑은 자신으로부터 가족, 사회 나아가 세계를 지향하게 된다.[67]

에리히 프롬에 따르면 인간의 '이성'은 한편으로 자연으로부터 분리되어 있지만, 또 다른 한편으로는 자연에 예속되어 있다. 즉 인간이 죽음을 전제했을 때, 짧은 인생동안 잠재력을 모두 발휘할 수 없다는 본원적 한계를 생득적으로 깨달을 수밖에 없고 이는 인간 스스로 압박하게 된다는 것이다. 이처럼 인간의 이성은 끊임없이 불안을 야기하는데, 이에 대해 프롬은 이러한 불안은 궁극적으로 사랑을 통해서만 해소될 수 있다는 것이다. 그런 점에서 사랑이란 부모와 자식 간의 사랑이나, 형제간의 사랑이나, 남녀 간의 사랑이나 이웃에 대한 사랑이나 모두 본질적으로 같다고 한다.[68]

사랑의 대상이나 강도 혹은 성질이 서로 다르다고 하더라도, 우리가 추구해야 할 사랑의 생산적인 측면에 대해 논의할 필요가 있을 것이다. 이에 대해 프롬이 언급하고 있는 생산적인 사랑으로 '관심', '책임', '존경', '이해' 등을 들고 있다. 이러한 점을 적용하여 생산적으로 사랑한다는 것은 사랑하는 사람의 성장을 위해 '수고'하며 '관심'을 갖고 책임을 져야만 한다고 지적하고 있다. 이와 더불어 사랑하는 대상에 대한 존경과 이해 역시 있어야만 한다. 왜냐하면, 사랑하는 사람에 대한 존경과 이해가 없다면, 사랑은 지배와 소유로 전락하게 되기 때문이라고 한다. 여기에서 말하는 존경이란 공포와 경외가 아니라, 상대에 대해 있는 그대로 보고, 그 사람의 개성과 고유성을 인정

한다는 것을 의미한다.[69]

3. 사랑의 기술과 그 존재론적 의미

3.1 사랑의 기술이 갖는 의미

사랑을 함에 있어 특정한 '기술(art)'을 갖추어야만 하는가? 또한, 그 기술이란 어떠한 것인가? 등에 대해 에리히 프롬은 부모, 친구, 이성에 대한 '관계'의 가장 본질적인 사랑은 타인에 관해 관심을 두고 존경과 이해, 용기와 인내 절제 등을 통한 자기 수양 그리고 자신에 대한 '비움'을 통한 타인에 대한 '받아들임'에서부터 비롯된다고 한다. 그에 따르면 어린아이가 걸음마를 배울 때 넘어지고 또 일어나고 넘어져서 무릎이 깨지면 아파서 또 울고 또 일어나 걸음걸이를 배우는 것처럼 인내와 열성을 가지고 사랑을 하기 위한 훈련을 해야만 한다는 사례를 통해 사랑의 기술에 대해 설명하고 있다.[70] 이에 대해 프롬은 다음과 같이 언급하고 있다.

> "사랑의 용기는 신념이고 사랑이야말로 신념의 행위이다. 사랑은 힘이고 능력이며 기술이다. 사랑은 병적인 자기를 극복하는 힘이고 소외현상을 극복하는 능력이다. 사랑이야말로 신념에 따른 행위이자 인생을 극복하기 위한 조건인 것이다."[71]

또한 에리히 프롬은 사랑을 하기 위해서는 실존적인 인간, 스스로 존재하는 인간이 되어야 한다고 주장한다. 그래서 생산적인 성격은 미덕이 되지만 자기 자신을 훼손하는 것은 악덕이 된다는 것이다. 즉, 프롬의 사랑의 기술에서 가장 선행되어야 하는 것으로 진실된 자아의 내적, 외적 발전을 위한 인내와 자아에 대한 긍정을 꼽고 있다. 그것은 외부로부터 부여된 고귀한 힘이 아니고, 인간에게 떠맡겨진 의무도 아니라는 것이다. 그래서 사랑이란 서로에 대한 사랑을 통해 세계와 관계를 맺고 세계에 대한 진리로 인도하는 실존적인 힘이라고 한다. 프롬이 지적하고 있는 이러한 사랑의 기술은 자신으로부터 출발하여 타자로 나아간다는 의미를 함축한다.[72]

3.2 사랑의 기술에 대한 음미: 남녀 간의 사랑

우리는 태어나고 자라면서 어느 순간부터 이성 간의 사랑에 대해 꿈을 꾸게 된다. 어렸을 때 소꿉장난을 시작으로 소년, 소녀 시절의 가슴앓이 짝사랑을 거친 후 성인이 되면서 멋지고 아름다운 사랑을 할 수 있으리라 꿈을 꾼다. 그리고 마침 사랑할 기회가 찾아왔을 때, 마라톤 대회에서 선수들이 목적지를 향해 달리기를 시작하듯이 누구든 예외 없이 의욕이 충천하여 힘차게 달려간다. 하지만 여러 시기를 거치면서 아름다운 사랑을 꿈꾸었듯이 모두가 원하는 사랑을 이룰 수 있을까? 물론 모두가 그렇다고 단정할 수는 없다는 점에서 많은 연인이 쓰디쓴 사랑의 아픔을 겪기도 한다. 그리고 시간이 흘러 그러한 아픔을 겪지 않으리라 다짐해 보지만 또다시 이를 반복하게 된다. 하지만 이러한 과정을 반복하면서 그들이 꿈꾸었던 원하는 사랑을 과연 이룰 수 있을까? 안타깝게도 많은 이들이 서로 만나고 헤어지는 아픈 과정을 되풀이하게 된다는 것을 알 수 있다. 남녀가 만나서 사랑하는 과정은 모두가 제각기 특별한 것 같지만, 공통적인 측면에서는 크게 다를 바 없다.

물론 남녀가 만나면 치음에는 서로의 호감을 사기 위해 상대가 원하는 것에 대해 수용하는 태도에서 시작한다. 그러다 시간이 조금 지나면 줄다리기가 시작된다. 상대에 대한 기대가 커지는 만큼 불만도 증가하게 되고 급기야 이별하고 나아가 상대를 비난하기도 한다. 즉, 남녀 간의 사랑에서 제대로 된 사랑을 표현하지 못해 서로 이별하게 되고 극단적인 상황에 직면하기도 한다. 물론 다음에 찾아오는 사랑은 그러지 말아야지 다짐해보지만, 또다시 그러한 사랑이 반복되기도 한다. 왜 이러한 과정이 반복되는 것일까? 이번에는 정말로 아름다운 사랑을 만들고 싶었는데 왜 같은 상황이 반복되는 것일까? 그렇다고 사랑에 공식이 있다고 말할 수는 없다. 왜냐하면, 남녀 간의 사랑은 매우 개별적이고 특수하기 때문이다.

하지만 이러한 문제의 근본적인 원인은 자신에게서 비롯되는 것은 아닐까? 왜냐하면, 상대는 변함없이 그대로 존재하는데 자신의 마음과 생각이 시간과 상황에 따라 변화할 것이기 때문이다. 물론 상대방도 변한다고 생각할 수 있겠지만, 자신이 어떠한 관점에서 파악하고 인식하느냐에 따라 상황은 얼마든지 달라질 수 있다. 문제를 해결하는 열쇠를 쥐고 있는 것은 상대가 아니라 자신이라는 점에서 사랑 역시 나 자신으로부터 비롯되는 것임이 분명할 것이다.

프랑스 철학자 알랭 바디우(Alain Badiou)에 따르면, '사랑은 전적으로 우발적인 만남의 순간을 영원성의 지점에 '고정' 시키는 것'이라고 한다.[73] 이 말은 우연성을 필연성으로 전이(轉移)시킨다는 의미와 함께 기존에 알고 있지 못한 것에 대해 새로운 삶의 좌표를 설정함으로써 두 사람만의 새로운 세계를 창조해내는 모험을 의미한다. 여기에서 만남의 연속성을 보장하는 다양한 사회적 규범은 사랑에서 비롯되는 모험에 의해 새로운 변화를 맞이하게 되는 것이다. 그리고 사랑 속에서 변경된 사랑의 새로운 조건들은 새롭게 주어진 실존('함께-있음')적 세계에 대한 충실성을 상대에게 요구한다. 이러한 세계의 근원적인 개방성이야말로 상대가 서로에 대해 사랑의 불변적인 가치를 창출해 내는 것이다. 보다 구체적으로 말해서 연인들의 새로운 세계는 둘 간의 일대일 함수관계에 의해 결정되는 것이다. 이것이 확대된 형태인 가족, 사회, 국가, 세계로 확장되어 사람들 상호 간 소통이라는 확장된 함수관계를 형성하게 된다. 또한, 사랑에 대해 영원성을 부여하는 것은 인간이 갖는 근원적인 한계로서의 죽음에 대한 극복으로도 이해할 수 있겠지만, 영원불변성의 가치를 확보하려는 인간의 노력으로 이해할 수 있다.

결국 사랑의 기술이 요구되는 것은 자기 자신의 겸애(兼愛)를 통한 타인에 대한 열린 마음과 합일을 통한 생산적인 사랑의 과정, 그리고 소통으로부터 미래지향적 가치를 확보하기 위함이다. 그것은 자아 극복을 통해 타자의 변화를 이끌어 내고 그 변화를 통해서 사회와 공동체의 고통을 치유하기 위해 '사랑의 기술'이 요청되는 것이라고 할 수 있다. 사랑 안에서 인간은 상호 유기적인 연관성을 지닐 수 있고 불안, 초조, 공포 등과 같은 인간의 한계 상황을 극복할 수 있는 단초 역시 마련될 수 있을 것이다.

4. 누구를 위한 사랑인가

사랑은 주어지는 것이 아니라 만들어 나가는 것이기에 사랑의 기술을 습득하는 것은 매우 자연스러운 현상이다. 그래서 사랑은 배워야만 하는 것이다. 일반적으로 제대로 된 사랑을 받아보지 못한 사람은 제대로 된 사랑을 베풀 수도 없다는 말이 있다. 사랑하는 기술은 선천적으로 주어지는 것이기도 하겠지만, 자신이 속한 환경 속에서 습득해 나가는 것이 대부분을 차지한다. 그래서 제대로 된 사랑을 하지 못해서 사랑에 서툰 사람들이 우리 주변에 얼마든지 있다. 비록 습득했다고 하더라도 사랑의 본질이 무엇인지에 대한 반성을 거치지 못해 그 방법이 서툴고 모자라기도 한 것이다. 사랑은 결국 상대와의 관계이지만 또 다른 자신과의 관계이기도 하다. 말하자면 자신을 극복해 나가는 과정으로 이해할 필요가 있다.

사랑은 인간이 지닌 본성 가운데 하나임에 분명하다. 사랑은 그것이 지닌 본질적인 선함의 이데아(idea)와 타인에 대한 배려와 포용으로 인해 '사랑하는 것' 그 자체가 하나의 도덕적 행위인 것이다. 무엇보다 사랑은 인간 간의 소통과 결합을 지향하는 인간학적 비밀을 담고 있다. 하지만 한편으로 사랑은 감성적 요인에 의존하기 때문에 경우에 따라 비합리적인 성향을 띠기도 한다. 그래서 이성주의적 전통하에서 사랑이 하나의 보편적인 덕목으로 인정받기 위해 감정이나 욕구를 배제한 정신적인 측면만을 강조하기도 한다. 물론 사랑의 능동성과 지성적인 측면만을 강조할 경우 사랑이 오히려 사람을 구속하고 억압하는 것으로 작용할 수 있다.

그래서 하이데거에게 있어서 사랑은 '내맡김' 혹은 '내버려 둠'의 정신을 강조한다. 이는 어떤 것이 '있는 그대로의 본성'을 유지하면서 자연스럽게 그것이 발휘되는 것으로서의 사랑을 의미하는 것으로 이해할 수 있다. 프롬 또한 지적하듯이 사랑은 인간의 본성이므로 자연스럽게 발휘되도록 내버려두는 것이 좋다고 주장한다. 동시에 그는 사랑을 통해 어떤 이상적인 목적을 추구하려 하지도 않는다. 다만 사랑과 사회는 상호 밀접한 상관관계가 있기 때문에 "사랑의 활성화를 저해하는 사회는 인간성의 본질적인 필연성과 모순을 일으키기 때문에 멸망하지 않을 수 없다."[74]는 프롬의 언급은 결국, 사랑의 당위성에 대한 문제이다. 이러한 당위성은 인간에게 선택사항이 아닌 인간답게 살기 위한, 어떻게 보면 생존을 위한 필수 조건임에 분명할 것이다.

인간은 누구나 사랑을 받기를 원하며 이상적인 사랑을 꿈꾼다. 상대에게 무언가를 원하기보다 내가 주고 싶기도 하고, 내가 사랑받는 만큼 사랑하자는 생각도 하기 마련이다. 뭔가를 기대하면 실망을 하게 되고 그로 인해 화가 나고 서운한 마음이 들기도 한다. 사랑을 양으로 표현할 수 없겠지만, 그래도 항상 조금만 더 배려하고 양보한다면 진심은 언제가 전해지리라 믿고 후회 없이 사랑하기를 꿈꾼다. 사랑한다는 것은 아무런 보증 없이 자기 자신을 맡기고 우리의 사랑이 사랑을 받는 사람에게서 사랑을 불러일으키리라는 희망에 완전히 몸을 맡기는 것을 뜻한다. 누군가 교과서의 공식처럼 사랑을 가르쳐주지도 않았고 그렇다고 사랑이 매뉴얼대로 정답이 정해져 있는 것도 아니다. 하지만 좀 더 성숙된 사랑을 하기 위해서는 배워야 할 것들이 있을 것이다.

6장 죽음에 대한 인문학적 성찰

강지연

1. 죽음에 대한 두 가지 관점

예일대학 철학교수인 셸리 케이건은 그의 저서 『죽음이란 무엇인가』에서 죽음에 대한 철학적 접근을 명료하게 시도하고 있다. '죽음'이라는 주제를 가지고 다양한 관점을 제안하고 있지만, 일반인들이 원하는 답변을 시원하게 내놓고 있지 못하는 것으로 비칠 수도 있다. 다만 그는 물리주의적 관점에서 죽음에 대해 자신의 논변을 설득력 있게 구사해 내는 것을 넘어 독자들로 하여금 논증에 동참해 주기를 기대하고 있다. 이는 철학이 갖는 중요한 특징을 반영하는 것으로, 즉 이성적 사유 활동을 통해 독자 스스로 새로운 가능성도 확보해낼 수 있도록 유도하고 있는 것이다.

우리가 죽음에 대해 떠올릴 때, 매우 복잡한 생각들이 순식간에 몰려오면서 우리를 혼란에 빠뜨리곤 한다. 가장 쉽게 떠올리는 것 가운데 하나가 육신의 죽음을 우리의 영혼 혹은 정신과 분리하려는 생각이다. 그래서 우리는 다음과 같은 질문을 던지게 된다. 우리에게 영혼이라는 것이 과연 존재하는 것일까? 존재한다면 어떠한 형태로 존재하며, 또 영속적으로 존재하는 것일까? 이러한 물음의 이면에는 육신의 죽음은 자명한데, 육신의 죽음과 별도로 우리는 영원히 의식하고 사유할 수 있으리라는 믿음이다. 이러한 입장을 반영하는 철학적 견해가 심신이원론(mind-body dualism)인데, 이 견해에 따르면 마음(정신)과 육체는 서로 별개이되, 상호 연관성을 갖는다는 견해로 우리의 상식적인 생각을 잘 반영해 주는 입장이라고 할 수 있다. 즉, 육신의 죽음이 곧 정신의 소멸이라는 생각에 선뜻 동의하고 싶어 하지 않는 우리의 소박한 희망을 잘 담고 있다.

반면, 이와 상반되는 견해는 정신과 육체는 분리되어 있지 않다는 입장으로 정신이 육체와 별도로 존재한다는 생각은 사실상 근거 없는 확신이거나 착각에 불과하다는 견해이다. 이러한 견해 가운데 대표적인 이론이 물리주의(physicalism)에 기반을 둔 기능주의(functionalism)인데, 기능주의에 따르면 인간은 특정한 기능을 물리적으로 수행하는 존재로서 우리의 정신이 별도로 존재하는 것이 아니라, 특정한 기능을 물리적으로 수행하는데 따른 부산물에 불과하다는 입장을 취한다. 말하자면 인간은 창조적인 기능을 수행하는 놀

라운 기계인 셈이다. 이 경우 죽음이란 곧 육신의 소멸을 의미한다. 셸리 케이건 역시 이 입장에 서서 삶이 제공하는 축복을 끝까지 누리고 살 수 있다면 그것은 좋은 것이라는 지적을 통해 삶 그 자체에 비중을 두고 있다.

하지만 어떠한 견해를 받아들이건 우리는 언젠가 죽을 수밖에 없다는 죽음의 필연성 그리고 우리가 얼마나 살지 또 언제 죽을지 모른다는 죽음의 가변성과 예측불가능성을 염두에 두었을 때, 우리를 괴롭히고 두렵게 만드는 것은 삶을 아름다운 것으로 동시에 죽음을 그렇지 않은 것으로 받아들이는 데에서 기인한다. 물론 분명한 것은 삶이 끝난 다음 반드시 죽음을 맞이할 수밖에 없다는 점에서 삶과 죽음은 상호 연장선상에 있는 것으로 이해할 필요가 있을 것이다. 이제 죽음에 대한 철학적 논변을 통해 삶과 죽음의 연관성에 대해 보다 구체적으로 살펴보자.

2. 죽음이란 무엇인가

물리주의에 따르면 인간은 특정한 방식으로 기능하는 육체이다. 대화하고 사랑하고, 계획하고, 생각하고 자의식을 갖는 그런 육체인 것이다. 이러한 인간의 다양한 기능을 P(Person)기능이라고 하자. 물리주의자들은 인간을 P기능을 수행하는 육체라고 본다. 이러한 물리주의적 관점에서 볼 때, P기능을 하는 육체를 지니고 있을 때 그 사람이 살아있다고 말한다. 반대로 더 이상 P기능을 수행하지 못할 때,

즉 육체적 조직이 파괴되어 제 기능을 발휘하지 못할 때, 그 사람은 이미 죽은 것이다. 이것이 물리주의자들이 보는 죽음에 관한 설명이다. 그러나 논의는 여기서 끝나지 않는다. 좀 더 구체적으로 살펴보도록 하자.

죽음이라는 것과 관련해서 생각해 볼 때 어떤 기능이 더 중요하다고 할 수 있는가? 가령 육체의 기능이 제대로 수행되는 경우를 생각해 보자. 음식을 소화하고, 몸을 움직이고, 심장이 뛰고, 숨을 쉬는 등의 이러한 기능들을 '신체기능(Body function)', 줄여서 'B기능', 앞서 언급한 '인지기능(Person function)'을 줄여서 'P기능' 이라고 하자. 간단하게 말해 육체의 기능이 멈추었을 때 우리는 죽는다. 그런데 여기에서 '기능'이란 B기능을 의미하는지, 혹은 P기능을 의미하는지, 아니면 둘 다를 의미하는 것인지에 대해 생각해 볼 필요가 있다. 사실상 이 질문은 모호한 측면이 있다. 말하자면 P기능은 B기능에 의존한다는 점이다. 이에 대해 보다 면밀하게 살펴보기 위해 아래의 두 가지 그림을 비교해 보자.[75]

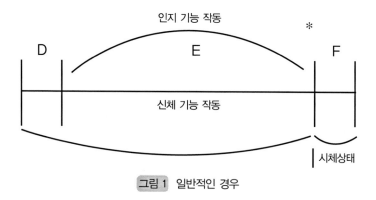

그림 1 일반적인 경우

우선 위의 그림은 일반적인 경우이다. 하나의 육신이 태어나서 D 단계를 거치는 동안은 오직 B기능만 작동될 것이다. 그리고 E단계에 접어들어 그 과정을 거치는 동안 B와 P기능이 동시에 작동된다. 하지만 자동차 사고나 심장마비 등 다양한 상황에서 B와 P, 두 기능 모두 수행하지 못하게 될 경우 시체상태로 넘어가게 되며 그것이 곧 F 단계인 것이다. 그렇다면 여기에서 제기될 수 있는 물음은 과연 사람이 언제 죽었다고 할 수 있는가? 라는 점이 문제가 될 것이다. B와 P 기능 중 죽음의 시점과 관련하여 무엇이 핵심적인지에 대해 다음 그림을 통해 살펴보자.[76]

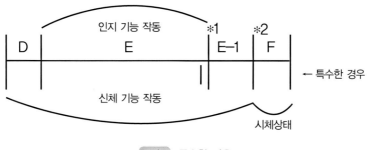

그림 2 특수한 경우

위의 그림은 특수한 경우라고 할 수 있다. D단계에서의 경우 B기능은 수행되지만 P기능이 수행된다고 보기는 어렵다. E단계에서의 경우에는 B기능과 P기능 모두 수행되고 있다고 할 수 있다. E-1 단계에서는 P기능은 중단되었지만 B기능은 여전히 살아있다고 보아야 할 것이다. 그렇다면 여기에서 제기되는 물음은 이러한 경우 죽음의 순간은 언제인가? 하는 문제가 발생하게 된다. 물론 흔하지 않은 특수한 상황이다. 육체 관점을 받아들이느냐 인격의 관점을 받아들이느냐에 따라 죽음의 순간이 달라지기 때문이다. E-1의 시점에서 인간의 믿음과 기억, 욕망, 목표 등은 더 이상 수행되고 있다고 볼 수 없다. 보다 분명하게 말해서 시체로 존재한다고 해야 할 것이다. 결국, E-1에서 한 인간의 인격적 측면(인지적 기능의 수행)은 존재할 수 없기 때문이다. 인격을 갖는 누군가가 존재하지 않기 때문에 E-1에서 한 인간은 존재한다고 말할 수 없다. 이 시점에서의 인간은 P기능을 상실한 존재로서 *1시점에서 이미 죽은 것이다. 하지만 여기서 제기되는 의혹은 존재하고 있느냐의 여부가 아닌 살아 있는지에 관한 물음이다.[77]

그렇다면 E-1의 단계는 매우 복잡한 양상을 보인다. 이 단계에서의 인간은 B의 기능에서 볼 경우 살아있다고 해야 할 것이다. 비록 인격적으로는 존재하지는 않지만, 육신은 존재하고 있기 때문이다. 인격적 측면에서의 죽음은 *1에서 발생하고, 육체적 측면에서의 죽음은 *2에서 발생한다. F단계는 B기능과 P기능이 모두 상실된 상태라는 점에서 시체 상태일 따름이다. 죽음을 육체의 관점에서 바라볼 것인지, 인격의 관점에서 바라볼 것인지에 따라 죽음이 갖는 의미는 본질적으로 달라진다. 인격의 관점에서 보면 죽음의 시점은 *1이라고 볼 수 있다. 말하자면, 비록 육신이 살아있다고 하더라도 인격의 관점에서 보았을 때 *1시점에서 이미 죽은 것이기 때문이다. 반면에 육체의 관점에 따를 경우 *2시점이 죽음의 시점인 것이다. 인지기능이 작동되지 않는 것은 물론 육체의 기능 또한 작동되지 않는다는 점에서 *2시점이 죽음의 시점이라고 할 수 있다.

지금까지 죽음의 시점을 두고 인격의 관점과 육체의 관점에 대해 살펴보았다. 이는 인격적 관점에 따를 경우 *1시점이 죽음의 시점이라고 할 수 있다면, 육체적 관점에 따를 경우 *2시점이 죽음의 시점이라고 할 수 있다. 곧 어떠한 관점을 받아들이냐에 따라 죽음의 시점은 달라진다. 죽음의 시점이 달라진다는 것이 무엇을 의미하는지에 대한 문제는 인문학적으로 그 적용이라는 측면에서 매우 중요한 문제일 수 있다. 왜냐하면, 어떠한 관점에서 세계를 바라보느냐 따라 삶의 태도가 달라질 수 있는 문제에 속하기 때문이다. 예를 들어, 이를 물리주의와 이원론의 관점에 적용한다고 했을 때, 정신과 육체 두 실체를 인정하는 심신이원론의 입장에 따를 경우 비록 육신이 죽는다고 하더라도 정신은 여전히 살아있다고 할 수 있기 때문이며, 반대로 물리주의적 관점을 따를 경우 육신이 죽는다면 모두 소멸하기 때문에 육신이 소멸하는 시점이 곧 죽음의 시점이라고 받아들일 수 있기 때문이다.

3. 죽음에 대한 핵심 논변: 나는 결코 죽지 않는다

'우리는 모두 언젠가 죽을 것'이라는 말은 자연스럽고 매우 익숙하다. 우리 모두 그렇게 여기고 있을 것이다. 하지만 어떤 사람들은 자기가 죽을 것이라는 사실을 받아들이지 않는다고 주장한다. 물론

의외의 주장이다. 여기에는 인간으로서의 죽음과 육체적 죽음을 구분하고 있기 때문에 이 주장에 대해서도 두 가지 방식으로 해석이 가능하다. 우선 죽어 있는 상태에 관한 것인데, 여기에는 그 어떤 미스터리도 끼어들 여지가 없다는 사실이다. 그것은 말하자면 어떤 상태가 아니다. 죽어 있는 상태는 설명할 것이 아무것도 없기 때문이다. 만일 우리가 죽었다고 한다면, 그것으로부터 상상할 만한 것은 아무것도 없다. 논의를 위해 "상상하거나 떠올릴 것이 없는 존재를 믿을 수 없다."는 전제를 받아들이자. 그렇다고 해서 사람들은 자신이 죽을 것이라는 사실을 믿지 않는다고 결론을 내릴 수 있을까?

가령, 꿈을 꾸지 않고 잠을 잘 경우 우리는 아무것도 경험하지 않고 상상조차 하지 못할 것이다. 즉, 꿈 없는 잠 또한 아무것도 아닌 상태다. 그렇기 때문에 그 상태로부터 어떤 것도 상상할 수 없다. 마찬가지로 기절을 하거나 의식을 완전히 잃어버린(인식작용이 전혀 일어나지 않는) 상태에 대해서도 똑같이 말할 수 있다. 내면으로부터 떠올리고 상상할 수 있는 것이 하나도 없다. 지금까지 이야기한 것들을 고려하면, 마음속으로 그려볼 수 없다는 이유만으로 꿈 없는 잠을 잘 수 없다고 주장할 수는 없다. 머릿속으로 떠올릴 수 없다는 이유만으로 기절을 경험하지 못한다고도 말할 수 없다. 또한, 죽어 있는 상태를 상상할 수 없다는 결론을 내릴 수 없는 노릇이다.

어쨌든 우리는 자신이 죽은 상태를 상상해 볼 수 있다. 다만 내면으로부터 떠올려 볼 수 없을 뿐이다. 그러나 외부의 시각으로부터 죽어 있는 상태를 얼마든지 그려볼 수 있기 때문에 저자는 아무런 문제가 없다고 생각한다. 상상할 수 없으므로 나는 믿을 수 없다. 우리는 이런 반론을 다양한 곳에서 찾아볼 수 있다. 한 가지 사례로 프로이트(Sigmund Freud)는 다음과 같이 언급하고 있다.[78]

> "결국 한 사람의 죽음은 상상의 범위를 넘어서 있고 이를 상상하려고 할 때마다 자기 자신의 한 사람의 관객으로 끼어들어 있다는 사실을 깨닫게 된다. 그러므로 심리분석 차원에서 이렇게 이야기할 수 있다. 사실은 누구도 자신의 죽음을 믿지 않는다. 또는 이렇게 표현해도 좋다. 우리는 모두 무의식 속에서 자신의 불멸을 확신하고 있다."

여기서 프로이트는 자신이 죽은 상태를 상상할 때 우리는 한 사람의 관객으로서 자신을 몰래 끌어들였다. 이처럼 내가 죽은 상황을 그려보려고 할 때마다 우리는 자기 자신을 계속해서 끌어들이게 되고 거기서 우리는 의식이 있는 사람으로 존재하므로 죽었다고 말할 수 없다. 그렇기 때문에 누구도 자신이 죽을 것이라는 사실을 믿지 않는다고 결론을 짓고 있다. 여기서는 다른 사례를 제시함으로 여러분에게 그것이 같이 고민해 볼 수 있는 문제인지를 다루려고 한다. 여러분도 잘 알고 있듯이 죽음 직전에서 살아 돌아온 사람들이 있다. 가령 사고나 치명적인 공격을 당하고도 상처 하나 없이 걸어서 나오는 사람의 경우이다. 또는 심장마비로 쓰러졌다가 수술을 받고 기적적으로 소생한 사람도 있다. 이런 경험을 겪고 난 사람들은 종종 이렇게 말한다.

"이제 새로운 인생을 살아보고 싶어요. 일찍 퇴근해서 가족과 시간을 많이 보낼 거예요. 내가 좋아하는 일도하고, 돈 벌 궁리에서 벗어날 거예요. 사랑하는 아들에게 사랑한다고 꼭 말할 거예요."[79]

그런데, 사람들 대부분이 경쟁에서 이기고 더 많은 돈을 벌기 위해 노력하는 반면, 정말로 소중하게 여기는 일에는 별로 시간을 투자하지 않는다는 사실을 우리는 이미 알고 있다. 가족과 친구들에게 그들이 얼마나 소중한 존재인지, 자신이 그들을 얼마나 사랑하는지 말하지 않는다. 이 사실은 우리에게 무엇을 말해주고 있는 것일까? 그건 아마도 우리가 모두 자신이 언젠가 죽을 것이라고 스쳐 지나가듯 말은 하지만, 근본적으로는 이를 받아들이지 않고 있다는 사실이다. 곧, 어떤 차원에서 진정으로 완벽하게 자신이 죽을 거라는 사실을 믿지 않고 있다고 주장할 수 있는 근거를 제공하고 있는 것이다. 이 주장을 참이라고 장담할 수는 없겠지만, 모두 진지하게 고민해볼 문제임이 분명하다.

4. 단 한 번뿐인 삶, 어떻게 살아야 하는가

인간은 임종의 순간에 지독하게도 극심한 외로움을 느낀다. 임종 때 찾아오는 외로움을 우리는 쉽게 받아들일 수 있다. 객관적으로 볼 때, 누군가 죽어갈 때 그는 혼자가 아니다. 그의 임종을 지켜보기 위해 많은 사람이 그의 곁에 있기 때문이다. 하지만 많은 사람 속에 있음에도 불구하고 그는 고독감을 느낀다. 인간은 홀로 죽는다는 주장의 진정한 의미는 아마도 이런 '외로움'일지도 모른다.

그렇다면 우리가 알고 싶은 것은 '모든' 사람이 심리적인 차원에서 외로움을 느끼며 죽는지에 대한 답변이다. 그리고 반드시 그런 것만은 아니라는 점을 지적하고 있다. 잠을 자다가 갑자기 죽는 사례를 생각해보자. 이 경우 아무런 고통 없이 죽는다. 잠을 자던 중 갑작스러운 심장마비로 사망할 수 있기 때문에 외로움이나 소외감을 느낄 새도 없이 죽음을 맞이한다. 그렇다면 의식이 있는 경우에만 외로움과 소외감을 느끼며 죽는다는 조건을 추가할 수도 있을 것이다. 또 하나 플라톤의 『파이돈(Phaidon)』 편에 등장하는 소크라테스를 떠올려 보자. 죽음을 앞두고 그는 동료들과 철학 논쟁을 벌였다. 자신이 죽을 것을 알면서도 그는 기꺼이 독약을 마셨다. 그리고 차분히 앉아서 모든 이들과 작별인사를 나눴다. 그에게서 외로움과 소외감은 찾아볼 수 없다. 인간은 모두 홀로 죽는다는 명제는 진실일까? 죽음의 본질에 대한 통찰을 이끌어낼 다른 해석 방식은 없는 것일까? 많은 사람이 말하기를 인간은 모두 홀로 죽는다고 하지만 그것을 의미 있는 주장으로 받아들일 수는 없다.[80]

셸리 케이건은 삶의 가치와 죽음의 가치와의 함수관계를 설정하고 그 관계가 지니는 본질을 들여다보았을 때, 진정한 의미의 삶과 죽음의 가치에 대한 새로운 가능성을 확보할 수 있도록 독자들을 설득하고 있다. 소크라테스는 삶이 무엇이냐는 제자의 질문에 "삶이란 죽음을 준비하는 과정이다."라고 답변하고 있지만, 셸리 케이건은 "정말로 중요한 것은 우리가 언젠가는 죽는다는 사실이다. 그렇기 때문에 잘 살아야 한다. 죽음을 제대로 인식한다면 인생을 어떻게 살아야 하는지에 대한 행복한 고민을 할 수 있다."라는 결론을 내리고 있다. 두 결론을 곰곰이 음미해 본다면 결코 서로 다르지 않음을 확인할 수 있다. 말하자면, 죽음에 대한 물음은 결국 삶에 대한 물음으로 귀착된다는 사실이다. 죽음 자체에 대한 물음을 삶과의 연장 선상에서 받아들일 때, 죽음의 본질에 대한 이해를 삶 속에서 찾을 수 있지 않을까?

7장 행복에 대한 인문학적 성찰

김아름

1. 행복에 대한 인문학적 배경

　인간이라고 하면 누구나 예외 없이 일생 끊임없이 행복을 추구하며 삶을 영위해 나간다. 아주 사소한 행복이라고 할지라도 그것이 우리에게 주어지지 않는다면 우리는 단 하루도 살아갈 수 없을지도 모른다. 목적한 바를 이루는 것 역시 행복해지기 위한 것이라고 했을 때, 우리는 이러한 행복을 달성하기 위해 이를 성취하고자 부단히 노력한다. 인간이 사유하는 이성적 존재라는 점을 감안했을 때, 다른 생명체와 달리 삶에 관해 끊임없이 묻고 고뇌한다. 그러므로 이성적 존재로서의 인간은 자신의 삶에 대해 어떠한 가치를 지향해야 하는

지에 대해 묻지 않을 수 없으며, 삶의 목적이 행복이라고 했을 때 그 달성을 위해 지속적으로 노력하는 존재이다. 그래서 우리는 다음과 같은 물음을 던지게 된다. "과연 나는 행복한가?", "행복이란 무엇이고 또 어디에서 오는 것일까?", "행복해지기 위해 나는 무엇을 어떻게 해야 하는가?" 하지만 일관된 행복에 관한 개념을 제시하고 정리하기란 인간의 본성 혹은 그 존재 자체를 정의하는 것만큼이나 방대하고 체계화하기 어려운 작업일 것이다.

신화시대의 사람들은 행복을 천국에서의 삶으로 이해하여 물질적으로나 정신적으로 모두 걱정 없는 상태로 이해하였다. 반면 고대의 행복관은 빼어난 미덕이나 예외적인 은혜에 힘입어 평범한 사람들이 아닌 몇몇 소수에게만 주어지는 것으로 받아들이기도 했다. 그리고 중세의 행복은 구원에 이르는 행복한 고통이라고 하여 신의 문제와 같은 선상에서 이해하기도 했다. 현대적 의미의 행복에 대한 개념은 계몽시대라 일컫는 17세기와 18세기에 걸쳐 탄생한다. 상당수의 사람이 현세의 삶에서 행복해질 수 있다는 새로운 기대를 처음으로 가진 것도 바로 이 시기였다. 선택받은 소수가 아닌 모든 사람이 행복을 누릴 수 있고 내세가 아닌 현세에서 행복해야만 한다는 생각을 가지게 된 것이다. 이와 같은 행복의 당위성은 근대에 접어들면서 자기 이해의 중요한 부분이 되었다. 근대의 사람들은 행복을 모든 사람이 물질적으로 풍요한 상태로 파악한 것으로 보인다. 현대에 이르러서도 물질적 풍요가 인간의 행복을 가져다준다는 근대적 행복관이 여전히 통용되고 있다.

근대 이후 행복의 물질화로 인해 계량 가능하게 된 행복에 대한 이해는 모든 사람에게 평등한 행복을 약속하였지만, 실제로 그것이 구체적으로 드러난 모습은 오히려 행복의 서열화였다. 각각의 개인에게 고유한 주관적 행복에 비중을 두기보다는 누구에게나 적용 가능한 행복, 즉 물질의 만족에서 비롯되는 것을 행복이라고 여겼다. 이러한 행복관은 현대인들로 하여금 자신의 행복을 타인의 행복과 비교함으로써 끊임없는 불행 의식에 빠져들게 하였다. 그리고 이러한 불행 의식에서 벗어나기 위해 사람들은 무한경쟁에 뛰어들었다. 이러한 치열한 경쟁 사회에서 빈익빈 부익부는 더욱 심화되어 가고, 부의 소유에 대한 욕망으로 비윤리적이고 반윤리적인 상황이 비일비재하게 일어나고 있다. 더욱이 이러한 무한경쟁의 도래는 어쩌면 행복에 관한 경제학적 이해가 더 이상 현실에 적합하지 않다는 것을 반증해 주는 것이기도 하다. 이것은 인문학 본연의 임무였던 행복에 대한 관심이 오히려 무관심과 정체로 이어지는 결과를 초래하게 된다.

행복의 역사적 배경에 대해 앞에서 살펴보았듯이 행복에 대한 견해 차이는 얼마든지 있을 수 있다. 그 배경에는 어디까지나 각 개인의 주관적인 가치관에 따라 행복에 대한 만족감이 성취된 심리상태로 이해한 것을 전제로 한다. 이 글의 목적은 인간의 행복에 대한 새로운 인문학적 접근을 통해 그 이론적 근거를 마련하는 데 있다. 따라서 그동안 사회과학적 혹은 경제학적 통계에만 의존해 왔던 행복에 대한 연구의 한계를 넘어 우리 현실에 적합한 행복의 모델을 제시하려는 것이다. 이를 위해 우선 행복에 대한 개념 분석과 아울러 인문학적 상상력을 토대로 행복에 대해 접근할 필요가 있다.

2. 행복의 조건과 행복 지표

누군가에게 언제 가장 행복하냐고 묻는다면, 또 어떤 일을 할 때 가장 행복하냐고 묻는다면 하나같이 서로 다른 답변을 내놓을 것이다. 아리스토텔레스의 견해에 비추어 볼 경우 인간 삶의 목적이 행복에 있다고 했을 때, 현재 자신이 과연 행복한 삶을 살고 있는지에 대한 물음은 자연스러울 것이다. 이에 대한 가장 상식적인 답변을 들라고 한다면 인간의 삶에 있어서 재산, 건강, 가족, 명예, 지위 등 행복에 필요한 조건들을 들어 그 답변을 시도할 수도 있을 것이다. 하지만 이러한 조건을 갖추었다고 해서 곧장 행복해진다고 할 수 있을까? 물론 그렇지는 않을 것이다. 왜냐하면, 아무리 돈이 많고 명망이 있고 재능이 뛰어나다고 할지라도 스스로 행복하다고 느끼지 않는다면 행복할 리가 없기 때문이다. 그래서 행복하다는 것과 행복의 조건을 갖춘다는 것과는 엄연히 구분해야 할 문제이다.

행복의 조건이 행복의 객관적 요소라고 한다면, 행복감은 행복의 주관적 요소에 해당한다. 그래서 행복에 대한 일차적인 답변은 이 두 가지 요소에 대한 공통된 논의를 통해 가능하다. 행복할 수 있는 조건을 갖추고 있으면서도 불행한 사람, 또 이와 반대로 행복할 수 있는 조건을 특별하게 갖추고 있지 못하면서도 행복한 사람을 주위에서 우리는 얼마든지 볼 수 있다. 그렇다면 행복해질 수 있는 조건을 갖추고 있으면서도 행복하지 않은 원인이 어디에서 비롯된 것이며, 또 행복해질 만한 조건을 갖추고 있지 못하면서도 행복한 것이 어떻게 가능한지에 대해 구체적으로 살펴볼 필요가 있다.

그렇다면 우리가 느끼는 행복을 계량화하여 표현할 수 있을까? 이에 대해 영국의 심리학자 로스웰(C. Rothwell)과 인생 상담사 코언 (H. Cohen)이 고안하여 2002년에 발표한 행복 공식을 통해 그 답변을 시도하고 있다.[81] 말하자면 자신이 얼마나 행복한지에 대해 스스로 측정하는 방식에 따른 것으로, 즉 생활의 만족도와 풍요로움을 지표화한 통계가 바로 '행복지수'이다.[82] '행복지수'는 국내총생산(GDP) 등 경제적 가치뿐 아니라 삶의 만족도, 미래에 대한 기대, 실업률, 자부심, 희망, 사랑 등 인간의 행복과 삶의 질을 포괄적으로 고려해 산출된 지표로서 선진국에서는 이와 같은 행복 지표를 만들어 국민들의 삶에 대한 만족도를 극대화하기 위한 정책을 펴고 있다. 2012년 OECD(경제협력개발기구) 36개 회원국을 대상으로 한 행복지수 조사에 따르면, 전 세계 국내 총 생산율 1위인 미국의 경우 국가 행복지수 순위가 3위에 그쳤다. 이는 비록 경제 강국이라고 할지라도 국민의 행복과 경제력이 반드시 일치하지 않을 수 있다는 사실이 확인된 사례이다.[83] 우리나라 역시 1인당 기준 국내총생산(GDP)이 2만 달러를 넘어서면서 선진 경제국 반열에 올라섰지만 '행복지수'에 있어서 한국의 순위를 살펴보면 최하위권에 머물러 있다는 사실도 확인할 수 있다.

반면 OECD 회원국은 아니지만, 국가의 경제력과 상관없이 거의 모든 국민이 자신들은 행복하다고 느끼는 국가가 있다. 히말라야 산맥 기슭에 자리 잡은 인구 70만 명의 '행복한 나라'가 바로 부탄이다. 부탄의 1인당 국민소득은 2,000달러에도 미치지 못하고, 90년대 들어와서야 처음으로 TV가 보급되었을 정도로 문명과는 거리가 있는 국가지만, 전 국민의 97%가 '행복하다'고 답변하고 있다. 부탄은 '경제적 풍요가 행복을 만든다'는 개념을 뒤엎은 대표적인 국가로 꼽히면서 선진국의 본보기가 되고 있다. 그렇다면 부탄 국민이 행복한 이유는 무엇일까? 부탄은 국민총행복(GNH)을 기준으로 국가정책을 펴고 있는데, 국민총행복(GNH)이란, 국내총생산(GDP)과는 다른 국민의 행복지수를 나타내는 개념으로 건강과 시간 활용 방법, 생활수준, 공동체 의식, 심리적 행복, 문화, 교육, 환경, 올바른 정치 등 9개 분야의 지표를 토대로 산출하는 것을 말한다. 전문 상담사가 1인당 5시간 면담을 하면서 약 8,000명을 대상으로 세부적인 질문을 통해 국민 삶의 질을 수치로 환산해 정책에 반영하고 있다. 이 국민총행복(GNH)은 지난 1974년부터 '지그메 싱기에 왕추크(Jigme Singye Wangchuck) 국왕'에 의해 만들어져 현재까지 이 정책이 이어져 오고 있다. 이웃 국가들이 경제성장에 사활을 걸 때도 부탄은 건강과 생태계 보존 등 국민의 행복을 증진하기 위해 노력해 오고 있다. 생태계 보존과 전통문화 교육을 가장 우선으로 삼는 부탄은 국토의 60% 이상을 산림으로 유지하도록 규정하는가 하면, 국가가 국민에게 토지를 나누어주고 무상의료와 무상교육을 실시하는 등 국민총행복(GNH) 정책을 유지해 오고 있다.[84]

부탄의 사례를 통해 행복지수 순위를 살펴보았을 때, 경제력과 행복이 반드시 일치하지만은 않는다는 것을 알 수 있다. 경제력은 행복의 중요한 요소 가운데 하나이기는 하지만, 그것만이 행복을 결정하는 요인이 아니라는 점을 보여주는 사례이다. 물론 이러한 주관적 행복지수가 행복의 절대적인 기준이 될 수는 없다. 물론 이 조사에는 '상대성'을 고려하지 않았다는 맹점이 있기는 하다. 말하자면 다른 나라와 비교하지 않았다는 전제하에만 가능하다는 뜻이다.

결국, 가난한 나라에서 행복한 국민으로 살 것인가, 아니면 불만족한 채로 선진 국가의 국민으로 살 것인가 하는 것이 또다시 문제가 된다. 자연과 선진 문물의 혜택을 갖춘 나라에서 적당히 만족하며 살 수 있다면 좋겠지만, 인간의 만족도가 개인의 주관에 따라 적용되기는 어려울 듯하다. 객관적 행복이 타인의 판단하에 이루어질 수 있다는 점을 감안했을 때, 주관적 행복의 잣대인 개인의 기준에 따라 그 판단이 이루어져야 한다는 당위성을 유지하는 것도 그리 쉬운 문제는 아니다. 다시 말해 어떤 사람이 행복한지 아닌지의 문제를 객관적 지표가 아닌, 어디까지나 주관적 측면에서 다루어져야 한다는 주장이 그렇게 설득력이 있는가 하는 점이다. 그래서 이에 대한 인문학적인 근거를 마련할 필요가 있다.

3. 행복에 대한 인문학적 근거

'행복'은 인간 존재와 삶의 의미 혹은 가치와 연관되어 있다는 점에서 많은 철학자가 이 주제를 가지고 고민해 왔다. '행복'에 대한 문제는 플라톤과 아리스토텔레스의 사유에서 시작되어 공리주의, 실존주의에 이르기까지 인간 존재의 근본적인 물음과 연관되어 있다. 소크라테스에 따르면 인간의 최고 목적은 행복에 도달하는 것이라고 역설했다. 또한, 에피쿠로스(Epikouros)는 행복 즉 최고선을 쾌락이라고 주장하면서, 쾌락을 육체적 고통이나 정신적인 문제가 없는 상태로 정의한 바 있다. 이 밖에도 이루 헤아릴 수 없이 많은 사람이 행복에 대한 견해를 피력해 왔다. 이들이 꿈꾸거나 논리적으로 증명해 보이고자 했던 행복의 개념은 세상을 바라보는 관점이 다양한 만큼 서로 상이하기도 하고 나름의 체계 속에서 독창적인 답변을 시도하기도 했다. 물론 '행복'의 문제는 단순한 철학적 사유의 영역을 벗어나, 문화 인류학, 심리학이나 심지어 사회학, 정치학, 경제학, 의학 같은 비인문학적 영역에서도 중요하게 다루어져 왔다. 삶의 의미 또는 목적, 그리고 그 과정에서 나타나는 '행복'에 대한 개념들의 다양성은 역설적으로 그 개념들이 다양한 영역에서 인간과 인간의 삶을 이해함에 있어 무엇보다 중요하다는 것을 반증하는 것이기도 하다.

3.1 '공리주의'에 따른 행복관: 쾌락과 행복

민주주의와 자유시장 경제체제를 토대로 발전한 영국에서 개인의 이익과 사회 전체의 이익을 조화시키는 해법이 요구되는 상황에서 등장한 이론이 공리주의다. 행위의 도덕적 가치는 그 행동의 최종 결과에 의해 결정된다는 '공리주의'에 따르면, 모두의 행복을 극대화하는 것이 올바른 행위라고 보는 윤리적 관점이다. 인간 행위의 윤리적 기초를 개인의 이익과 쾌락의 추구에 두고, 무엇이 이익인가를 결정하는 것은 곧 개인의 행복에서 비롯된다는 입장을 취한다. 즉 가치 판단의 기준을 효용과 행복 증진에 두어 '최대 다수의 최대 행복'의 실현을 윤리적 행위의 목적으로 삼는다.

벤담(J. Bentham)에 따르면 인간은 본성상 행복을 추구하고 고통을 피하는 존재로 파악하고 있다. 그래서 어떤 행위가 도덕적으로 옳은 행위가 되기 위해서는 행위자와 행위에 관련된 모든 사람의 쾌락(복지)을 최대한으로 증가시키고 고통을 최소한으로 감소시켜야 한다는 것이다.[85] 즉, 구성원들의 최대 효용을 증가시킬 수 있는 행동이 사회적으로 도덕적인 행위라고 본 것이다. 그래서 사회는 개인의 집합체이므로 개개인의 행복은 사회 전체의 행복과 연결되며, 더 많은 사람이 행복을 누리게 되는 것은 그만큼 더 좋은 일이라고 생각하였다. 벤담은 쾌락과 고통을 수량화할 수 있고, 측정 가능한 것으로 본 양적 공리주의자이다. 결국, 벤담은 행복한 사회를 이룩하기 위해서는 사회 구성원 모두의 행복 증진에 기여해야 한다는 것이다.[86] 양적 공리주의에서는 쾌락의 정도를 수량화하려 하지만, 사실 개인마다 쾌락의 정도(쾌락을 느끼는 정도의 차이)는 다르기 때문에 개별적인 쾌락을 수량화하기 어렵다는 반론에 직면하게 된다.

이에 밀(J. S. Mill)은 벤담과 달리 양적 쾌락이 아닌 질적 쾌락의 극대화에 초점을 맞추고 있다. 어떤 종류의 쾌락은 다른 종류의 쾌락보다 더 바람직하고 가치 있다는 것에 대해 인정할 것을 주장한다.

밀은 "두 가지 쾌락에 대해, 그 두 가지를 모두 경험한 사람이 그중 하나를 선택한다면, 그 선택된 것이 보다 바람직한 쾌락이다."라고 말하면서 쾌락에도 높은 수준의 쾌락이 있고 낮은 수준의 쾌락이 있다고 본 것이다.[87] 그래서 밀에 따르면 쾌락은 양이 아닌 질이 중요하다는 것을 전제로 하여 '행복'과 '만족'을 구분하고 있다.[88] 그렇다면 질적 쾌락과 관련하여 다음과 같은 물음이 제기될 수 있다. 인간에게 있어 질적 쾌락이란 과연 무엇을 의미하는 것일까? 그것은 아마도 인간이 추구하는 모든 지적인, 예술적인 가치나 상상력을 포함하고, 여러 활동이 조화되어 영위하는 삶 속에 존재하는 모든 인간적인 능력과 연관된 것으로 이해할 수 있을 것이다. 그렇기 때문에 인간은 단일한 쾌락만으로는 만족할 수 없다는 점에서 동물이 향유하는 단편적 쾌락과는 본질적으로 구분된다. 밀의 주장을 직접 들어 보면 다음과 같다.

> "공리 혹은 최대 행복의 원리를 도덕의 기초로 받아들이는 견해에 따르면, 인간의 행위는 행복을 증대하는 만큼 옳고, 그 반대의 것을 증대하는 만큼 그르다. 행복이란 쾌락과 고통의 부재이며, 불행이란 고통과 쾌락의 결여이다."[89]

이와 같은 입장은 밀이 행복을 쾌락으로 여겼다는 것을 보여준다. 행복이 곧 쾌락이라면, 인간의 궁극적인 목적이 쾌락이라는 것은 자명해 보인다. 더 나아가 행복은 적극적인 의미의 쾌락이며 소극적인 의미로는 고통의 결여라고 할 경우 쾌락과 행복 사이에 구분은 더 이상 의미가 없어지게 된다. 이러한 입장에 따르면 도덕적 행위의 옳고 그름은 당연히 행복을 증대시키는 정도에 비례하여 옳으며, 행복을 감소시키는 정도에 비례하여 그르게 된다. 따라서 행복은 쾌락의 증대 혹은 고통이 없는 상태라고 할 수 있다. 여기에서 밀이 말하는 쾌락은 격렬하고도 유쾌한 흥분에 따른 일상적으로 누릴 수 없는 열광적인 삶 속에서의 즐거움을 의미하는 것은 아니다. 인간이 누리는 쾌락은 질적으로 고상한 쾌락을 의미한다. 고통이 거의 없는, 설사 있다 하더라도 일시적인 상태를 말하며, 수동적인 쾌락 보다는 능동적인 쾌락, 나아가 사람들이 기대해도 좋을 정도의 쾌락을 추구함으로써 생기는 만족감과 같은 것이다. 그에게 있어 쾌락 또는 행복이란 바람직한 유일한 목적으로서 선(善)임에 두말할 필요가 없다. 따라서 우리는 행복 또는 쾌락을 증대하는 행위를 하면 할수록 그만큼 더 윤리적으로 옳은 삶을 살게 되는 것으로 이해할 수 있다. 쾌락 또는 행복은 본질적으로 선할 뿐만 아니라 그것은 도덕적으로 옳고, 그름의 가치 기준도 된다고 보는 것이 밀의 입장이다.

밀은 쾌락의 추구를 행복이라고 보는 '공리주의'적 입장을 유지하면서도 쾌락의 질적 차이를 인정하고 있다. 그리고 인간의 행복한 삶은 물질적, 육체적 쾌락을 추구하는 것이 아닌 인간으로서의 품위 유지를 통하여 이루어질 수 있다는 입장을 취한다. 이것은 결국 행복에 쾌락이 포함되기도 하지만, 자신의 능력과 적성에 맞는 가치 있는 일들을 추구해 가는 가운데 발견되는 것이라고 말할 수 있다.

벤담과 밀의 공리주의에서 그것이 양이건 질이건 한 공동체에 속한 개개인의 행복의 극대화가 곧 정의의 실현이라고 파악하고 있는 셈이다. 여기에는 인간의 본성에 대한 이해에서 그 근거가 마련되는데, 즉 인간은 쾌락을 추구하고 고통을 피하는 존재라는 점에서 출발한다. 결국, 한 공동체의 행복은 곧 개인의 행복에서 출발한다는 점에서 개인의 행복과 공동체의 행복은 서로 떼려야 뗄 수 없다는 전제에서 성립한다.

3.2 아리스토텔레스의 '행복론'

사람은 누구나 행복한 삶, 복 있는 삶을 원한다. 이에 대한 아리스토텔레스의 고민도 현재 우리의 고민과 크게 다르지 않다. 서양사상의 발원지였던 고대 그리스에서 대부분의 사람은 행복을 부, 명예, 권력, 건강, 장수 등으로 이해한 것으로 보인다. 그런데 행복이 무엇이냐에 대한 질문에 대해 아리스토텔레스는 당시 그리스 사람들의 이러한 통속적인 견해와 달리 자신의 철학을 근거로 행복론에 대해 구체적으로 제시하고 있다. 행복론에 대해 체계적으로 잘 드러나 있는 저서가 『니코마코스 윤리학』(Nichomachean Ethics, 1976)인데, 특히 이 책의 제1권과 제10권에서 행복론에 대해 집중적으로 다루고 있다.

아리스토텔레스는 개인의 행복뿐만 아니라 공동체의 행복과 안녕을 실천철학의 중요한 연구과제로 삼았는데, 그에 따르면 행복한 삶은 개인적인 차원을 넘어 공동체 속에서의 좋은 삶 혹은 성공적인 삶을 의미한다. 다시 말해서 아리스토텔레스는 행복을 공동체 속에서의 삶 전체에 대한 개인의 만족과 관련지어 파악하고, 선하고 올바른 삶을 통하여 참된 행복에 이를 수 있다고 보았다.[90] 사회적 존재로서의 인간이 행위를 통해 도달할 수 있는 목적 가운데 '최고선'[91]을 바로 행복이라고 본 것이다. 아리스토텔레스는 행복에 대해 다음과 같이 언급하고 있다.

"우리가 달성할 수 있는 모든 선 가운데 최고선은 무엇인가? 명목상으로는 대체로 누구나 여기에 대해서 같은 답을 내린다. 즉 일반 사람들도 교양 있는 사람들도 다 같이 그것은 행복이라고 말하며, 또 잘 살며 잘 처세하는 것이 곧 행복이라고 여긴다. 그러나 무엇이 행복인가하는데 이르러서는 사람들의 생각이 같지 않으며, 또 일반 사람들의 설명은 학자들의 설명과 같지 않다. 전자는 그것이 쾌락이나 부나 명예와 같이 뻔하고 명백한 어떤 것으로 생각한다. 그러면서도 그들은 의견이 서로 다르다. 그리고 때로는 같은 사람마저 경우에 따라 그것을 여러 가지로 다르게 본다. 가령, 병들었을 때는 건강을 행복이라고 보고 가난할 때에는 부를 행복이라고 본다."[92]

위 인용문에서 잘 드러나 있듯이, 배운 사람이건 배우지 않은 사람이건 행복이 인생의 '최고선'이라는 데에 일반적으로 동의하고 있다는 사실이다. 하지만 그 행복이 무엇이냐는 질문에 대해서는 사람에 따라 또 경우에 따라 얼마든지 다를 수 있다. 바로 이 점이 구체적인 무엇이 행복이라는 답변을 하자마자 곧장 반박될 소지가 있다는 사실을 입증해 준다. 아리스토텔레스는 행복을 쾌락, 명예, 부 등이라고 여기는 일반인들의 견해에 대해 비판하면서 세 가지 삶의 형식에 대하여 언급하고 있다. 그것은 플라톤의 『국가』편에서 유래한 것인데, 쾌락적인 삶, 정치적인 삶, 관조적인 삶이 그것이다. 일반인들의 경우 동물적인 본성에 부합하는 쾌락적인 삶을 선택하고, 교양 있고 지혜로운 자들은 명예를 행복이라 생각하는데, 그것은 곧 정치적인 삶의 목적에 해당한다. 또한, 관조적인 삶은 자족적이며 참된 행복에 이르게 한다는 것이다. 즉, .는 관조적인 삶을 최고의 행복으로여기고 있다. 물론 금전을 버는 삶은 부득이한 측면이 있겠지만, 그에 따르면 부는 분명히 우리가 찾는 '최고선'은 아니다. 그것은 단지유용성의 가치를 지닐 뿐이며, 다른 목적을 위한 수단일 따름이다.

4. 행복과 인문학적 상상력

지금까지 잘 작동됐던 행복에 대한 이해가 현대에 이르러 별로효과를 보지 못하고 있다. 더욱 행복해질 것이라는 예상은 빗나가고있으며, 오히려 행복 속에서 불행이라는 역설적인 현상들이 나타나고 있다. 현대인에게 지금보다 더 행복해지기 위해서 필요한 것이 무엇이냐는 질문에 대해 계층과 관계없이 돈이라고 대답한 사람이 가장 많았다는 통계가 있다. 산업화가 되면서 사람들은 자본을 많이 가질수록 더 많은 것을 누릴 수 있게 되었고, 그것을 행복이라 생각하여 부(富)라는 것이 행복의 척도가 되어버렸다. 과연 행복을 돈으로살 수 있을까? 아이러니한 것은 선진국의 경우 소득이 크게 늘었음에도 불구하고 국민들이 별로 행복해하지 않는 현상이 나타나고 있다는 사실이다. '가진 것'에 관한 권태와 '가지지 못한 것'에 대한 욕망이 동시에 늘어나고 있기 때문으로 보인다. 그리고 물질적으로 풍요로워지면서 선택의 여지가 늘어나고, 자신의 선택에 대한 만족감이 줄어드는 현상이 일어나게 된다. 현대를 살아가려면 일시적인 행복에 목을 맬 수밖에 없고, 불행이 계속되는 한 행복이라는 화두 또한 끝나지 않을 것이기 때문이다. 이렇듯이 인간의 본성에 대한 해석만으로는 이런 행복의 역설을 이해하고 극복하기에 충분하지 못하다.

행복경제학의 창시자로 일컬어지는 이스털린(Easterlin)은 1974년 「소득이 높아져도 꼭 행복으로 연결되지 않는다」는 논문을 발표하였다. 그가 주장한 행복에 대한 역설은 우리의 행복에 대한 이해에 어떤 결함이 있음을 보여주고 있으며 행복을 평가하는 새로운 해석 방법이 절실하다는 점을 시사해 주고 있다. 즉 사회경제적인 측면에서뿐만 아니라 행복에 대한 인문학적 이해 없이 소득의 증가가 곧장 삶의 만족 혹은 행복으로 이어진다는 보장은 없다. 현재 우리의 경우가 이러한 상황에 놓여 있다는 점에서 행복에 관한 인문학적 접근을 통해 그 해결 방안을 모색할 필요가 있다. 무엇보다 행복에 대한 인문학적 사유를 통한 성찰을 전제하지 않는 행복에 대한 접근은 본질적인 접근이라고 보기 어렵다. 왜냐하면, 인간은 육신을 가진 감성적 존재이기도 하지만, 이성을 지닌 정신적 존재이기도 하기 때문이다.

인류가 존속하는 한, 행복에 대한 논의는 끊이지 않을 것이다. 왜냐하면, 행복은 인간의 본성적 측면을 반영하기 때문이다. 그렇지만 행복을 마치 플라톤의 이데아와 같이 완전한 상태로 규정해 버린다면 인간이 결코 달성할 수 없는 것으로 비칠 수도 있다. 하지만 행복이라는 모델이 하나의 고정된 틀을 가진다고 단언하기도 어렵다. 누구나가 행복을 추구하기는 하지만, 그럼에도 불구하고 특수성과 고유성을 지니기 때문이다. 인간의 본성에 비추어 저마다 행복을 추구한다고 했을 때, 이는 결코 포기할 수 없는 일종에 인간의 운명일 수밖에 없을 것이다. 또한, 인간의 불완전성을 염두에 두었을 때 인간의 몫이란 주어진 삶 속에서 저마다 나름의 행복을 갈망하고 찾기 위해 노력하는 데 있다. 사유하는 존재로서의 인간이 수행하는 일련의 모든 행위는 결국 행복과 필연적으로 연관되어 있다고 했을 때, 그 접근 가능성은 인문학적 사유에서 비롯되는 것임이 분명할 것이다.

8장 신(神) 존재에 대한 인문학적 접근

박지연

1. 신 존재 물음에 대한 접근

신 존재 여부에 관한 물음은 누구나가 한 번쯤은 제기해보았을 법한 질문일 것이다. 신은 우리 눈에는 보이지 않지만, 신의 존재에 관한 주장은 지금까지 다양한 방식으로 존재해 왔다. 그 대표적인 사례를 꼽으라고 한다면 단연 중세의 신 존재 증명에서 찾을 수 있다. 신 존재 증명이 우리의 이성에 호소해 신의 존재에 대해 이해시키려 했다는 점과 아울러 당시 기독교적 세계관을 지탱하기 위한 중요한 수단이 되기도 했다. 그렇다면 이러한 신 존재 증명과 신 문제를 둘러싼 논의가 현재 우리에게 어떠한 의미가 있는 것인가?

기독교적 전통하에서 신은 전지, 전능, 전선한 속성을 지닌 존재로 여겨졌다. 그래서 신의 속성과 관련하여 신 존재를 증명하려는 다양한 시도가 있었는데, 이는 다음과 같은 물음에서 비롯된다. "신은 존재하는가? 만일 존재한다면 어떠한 속성을 지니는 존재인가?", "신과 인간은 어떤 관계이며, 신도 인간과 같이 인격적인 존재일 수 있는가?", "인간은 신을 인식할 수 있는가, 인식할 수 있다면 어떻게 인식할 수 있는가?", "만일 인식할 수 없다면 인간은 그 어떠한 것도 인식할 수 없다는 것을 의미하는가?" 인간이 사유하기 시작하면서 신 존재에 대한 물음은 절대자, 무한자, 제일원인(第一原因), 부동의 원동자 등 다양한 속성을 부여해 왔다. 물론 인간이 처음부터 유일신의 존재를 받아들인 것은 아니다. 오히려 인간이 사고할 수 있는 범위 내에서 신에 대해 다양한 방식으로 의미를 부여해 온 것이다. 이러한 신 문제를 둘러싼 논의를 되짚어 보는 것은 결국 인간의 본성에 관한 해명으로 귀착될 가능성을 시사한다는 점에서 우리의 인문학적 상상력을 확장시키는데 기여할 수 있을 것이다.

신에 관한 물음은 정신과 육체(mind-body)의 관계, 자유의지(free will), 인과관계(causation) 등과 같이 우리의 감각-지각을 통해 확보될 수 있는 문제가 아니라는 점에서 형이상학적 물음에 속한다. 보다 구체적으로는 종교철학에 속하는 문제로써 지금까지 다양하고도 심도 있는 논의가 있어 왔는데, 그 중 대표적인 문제를 꼽으라고 한다면 단연 '신 존재 증명'을 둘러싼 논의와 '보편논쟁'(controversy of universal)을 들 수 있을 것이다. 신 존재를 입증하기 위한 적극적인 시도가 신 존재 증명이라고 한다면 소극적인 시도로는 신 존재에 대한 실재론적인 관점을 취하는 방식인데, 이는 곧 보편논쟁으로 이어지게 된다. 신 존재 증명에는 크게 존재론적 증명, 우주론적 증명, 목적론적 증명, 도덕론적 증명 등을 들 수 있는데, 신 존재에 대한 실재론적인 견해는 플라톤과 아리스토텔레스의 실재론을 도입하여 이를 신 존재에 적용하는 방식에서 비롯된다. 본 논의에서는 실재론을 신 존재에 적용하는 방식은 많은 철학적 배경을 동반하기 때문에 신 존재 증명에 초점을 맞추고자 한다. 그렇다면 신 존재 증명을 둘러싼 논의가 갖는 내용은 구체적으로 무엇이며, 이것이 현대적인 관점에서 어떻게 이해될 수 있는가 하는 물음이 자연스럽게 제기될 것이다.

2. 종교가 갖는 현대적 의미

인간이 존재와 가치, 인생과 우주의 궁극적인 문제 등에 대해 질문을 던지고 그 답변을 시도해 온 것은 인간의 본성에서 비롯된 것이라고 할 수 있다. 그 무엇인가에 대해 알려고 하는 인간의 본성에 비추어 볼 때 한 존재자로서의 신에 대한 앎의 문제는 과거나 지금이나 변함이 없다. 이러한 신에 대한 물음의 이면은 인간의 한계에서 비롯된 것이다. 한 인류학적 성과에 따르면 인간의 삶에 대한 물음은 어떤 초월적 힘에 대한 외경(畏敬)에서 비롯되었으며, 결국 죽음에서 벗어날 수 없는 운명에 놓인 인간은 그 허무함과 두려움에서 벗어나기 위해 영생 혹은 후세의 삶을 믿은 장례예식에서 찾을 수 있다는 것이다. 과거 인류가 살았던 동굴에 묻힌 사람의 뼈가 잘 정돈된 것은, 사후 세계가 있다는 것을 믿고 죽은 이를 위해 정성 들여 장례식을 거행한 증거라는 것이다.

이와 같이 인간은 어떤 방식으로든 종교적 형태의 믿음을 지니고 삶을 영위해 왔으며, 현대문명 속에서도 다양한 종교를 통해 확인할 수 있다. 물론 종교가 과학적 예측을 상당 부분 대신해 오기는 했지만, 현대에 와서도 여전히 인간은 종교적 삶을 누리고 있고 또 종교 속에서 인류의 역사와 문화가 발전해 왔다는 점을 부인하기는 어렵다. 고도로 발달한 과학문명 속에서도 종교 인구가 오히려 지속적으로 증가하고 있다는 점을 감안했을 때, 인간의 문명이 발달하면 할수록 종교가 사라질 것이라고 하는 우리의 예상은 빗나가고 있다. 그런 점에서 종교의 기원과 그 본성에 대해서는 의견이 분분할 수 있어도 인간이 본질적으로 종교적 존재라는 사실을 부인하기는 어렵다. 이는 인간의 한계 상황과 밀접한 관계가 있다. 인간은 결국 죽음에서 벗어날 수 없다는 사실과 함께 고통과 질병 그리고 노화의 두려움에서 벗어날 수 없다는 실존적 한계가 일종의 종교적 요청을 통해 공포와 두려움에서 벗어날 수 있으리라는 믿음을 형성한 것으로 보인다.

현재 많은 종교가 서로 공존하고 있지만, 다음 두 가지 측면에서 상호 유사성을 지닌다. 첫째, 모든 종교는 인간의 삶과 우주의 궁극적인 목적에 그 답변을 시도하고자 하는데, 서로 다른 종교에서 제시하고 있는 답변은 다를지 몰라도 그 질문은 상호 유사성을 갖는다는 점이다. 즉, 인간이란 무엇이며 인생은 어떤 의미가 있는가? 선과 악의 본질은 무엇이며 그것은 어디에서 비롯된 것일까? 인간의 참된 행복은 어디에서 비롯되는 것일까? 인간은 왜 죽을 수밖에 없는가? 그리고 죽은 후에는 어떻게 되는 것일까? 등과 같은 질문들이다. 이러한 물음에 대해 그 신이 어떠한 형태를 갖는지와 상관없이 신에게 요청해야만 그 답변이 가능하다고 여겨 왔다는 사실이다. 왜냐하면, 인간이 갖는 한계와 그 정체성, 행복과 불행, 죽음과 사후 세계 등에 대한 답변을 통해 인간의 본성에 대한 해명이 가능하기 때문이다. 결국, 수많은 종교가 공존하고 있지만, 자신이 믿는 종교를 통해 자신의 정체성을 확인하고 있는 셈이다.

둘째, 종교는 인생의 문제를 해결함에 있어 인간에게 믿음이나 확신을 심어준다는 점이다. 종교가 비록 삶의 문제에 있어 과학적인 근거나 설득력 있는 논변을 제시해 주지는 못 하지만, 삶의 가치와 목적 등에 대한 무한한 의미를 부여해 준다는 사실을 부인하기는 어렵다. 말하자면 삶의 정신적 가치에 대한 답변이 과학적인 탐구를 통해 제시될 수는 없다는 사실이다. 만약 종교적 물음에 대한 답변이 수학적이고 과학적인 방식을 통해 마련되는 것이라고 한다면, 그러한 종교가 주는 답변에 우리는 실망하고 말 것이다. 결국, 과학을 통해 인간의 자유나 존재 이유, 생로병사(生老病死)에 대한 신비로움을 해결할 수 없다는 점에서 종교는 과학적 이해 이상의 차원이다.

어떤 형태로든 인간은 초월적인 어떤 절대자와 대면하고 있음을 믿으며, 바로 이 믿음 안에서 인생의 의미와 가치를 추구하는 것이다. 종교가 갖는 의미에 대해 자의적으로 규정할 수도 없고 한마디로 정의할 수도 없지만, 종교가 무엇인지에 대해 한 마디로 표현하라고 한다면 '인간과 절대자와의 관계'라고 말할 수 있지 않을까? 말하자면 종교적 가치는 절대자와 자신의 내면적 소통이자 인간이 추구하는 본질적 가치를 부여해 주는 믿음에서 비롯된다고 할 수 있다.

3. 신 존재 증명에 대한 철학적 근거

신학은 특정한 종교를 인정하는 한계 안에서 특정 종교의 교리를 해석하고 옹호하려는 입장을 취한다. 신학이 실천적인 믿음으로서의 신앙과 차별성을 갖는 것은 이론적 탐구의 차원에 속하기 때문이다. 따라서 신학에서는 신의 존재에 대해 합리적으로 증명하려고 시도한다. 말하자면 신학에 철학적 방법론을 도입하여 이성적으로 신의 존재를 설득시키는 방식을 통해 신 존재에 대해 증명하려는 것이다. 전통적인 입장에서 신 존재 증명은 크게 존재론적 증명, 우주론적 증명, 목적론적 증명, 도덕적 증명 등으로 나누어 볼 수 있다.

우선 존재론적 증명에 대해 살펴보면 다음과 같이 논증할 수 있다. "신은 전지·전능·전선하므로 완전한 존재이다. 그러므로 완전한 개념으로서의 신은 필연적으로 존재해야만 한다.[93] 왜냐하면, 완전하다고 하는 것은 그것이 존재한다는 것을 전제하기 때문이다."라고 추론하는 방식이다. 완전한 존재인 신에 대한 개념으로부터 신 존재를 추론하는 증명 방식이다. 예를 들어, 우리가 도형으로서의 원에 대해 수학적으로 증명한 것들이 실제 원에서도 그대로 적용되듯이, 신의 본성에 대해 증명한 것들 또한 증명한 그대로 존재해야 한다는 것을 의미한다. 다시 말해 우리는 신이라는 개념 속에 '현존'이라는 것이 반드시 포함되어 있다는 사실을 증명할 수 있는데, 마치 도형으로서의 원이나 삼각형에 대한 관념이 실제 원이나 삼각형의 실재함과 일치하는 것과 같다. 따라서 신이라는 개념이 현존을 포함한다는 사실은 신의 완전성을 반영했을 때, 단순히 개념적으로만 존재하는 것이 아니라, 실제로도 존재해야만 한다는 논점을 반영한다. 이 논증 역시 문제점을 내포하고 있다는 점에서 다음과 같은 비판이 제기될 수 있다. 이 주장은 신을 완전한 존재로 규정하고, 다시 이 정의를 근거로 신이 존재한다고 주장하고 있는 셈이다. 이는 순환논법의 오류를 포함하는 논증으로 제대로 된 증명이 아니라는 논점을 반영하고 있다. 또한, 존재하지 않는 것보다 존재하는 것이 더 완전하다고 볼 이유가 없어 보인다.

칸트에 따르면 애초에 엄밀한 의미의 존재란 술어(述語)가 아니라고 말한다. 우리가 'A는 B이다'라고 말할 때 A가 주어, B가 술어가 된다. 그런데 이 문장이 성립하려면 B의 내용과 무관하게 A는(가정적으로나마) 존재해야만 한다. 즉, 주어는 존재를 함축한다. 'A는 존재하지 않는다'라는 문장을 보자. 이 문장은 A라는 주어가 존재하지 않으면 문장으로 성립될 수 없기 때문에 항상 거짓이 된다. '존재하지 않는다'가 참이 되기 위해서는 그 의미가 제한되어야 한다. "햄릿은(현실 세계에) 존재하지 않는다."와 같은 문장은 소설 속의 햄릿(Hamlet)을

'존재'의 정의에서 제외했기 때문에 참이 되는 것이다. 우리가 일상생활에서 '존재하지 않는다'라는 문장을 쓸 때에는 무의식중에 이와 같은 제한을 가하고 있는 것이다. 엄밀한 의미에서 주어는 늘 존재를 내포한다. 그러므로 존재론적 증명은 그 형식에서부터 문제점을 갖는다.

우주론적 증명은 물리적 대상 세계에서 성립하는 보편법칙인 인과관계를 도입하여 증명하려는 방식이다. 시공간의 제약을 받는 모든 물리적 대상은 원인과 결과라는 인과관계로 이루어져 있다. 물리적 세계에 속한 결과로서의 대상이 갖는 원인의 계열을 계속해서 거슬러 올라가다 보면 결국에 가서는 더 이상의 원인을 갖지 않는 제일 원인에 도달하게 되는데, 그것은 최초 원인이자 궁극적인 원인이 된다. 이러한 최초 원인은 다른 것의 원인이 될 수는 있어도 더 이상의 원인을 갖지 않는다. 그 궁극적인 원인은 다름 아닌 신이다.[94) 이와 같은 방식에 따른 신 존재 증명 방식을 우주론적 증명이라고 한다. 이를 삼단논법으로 제시하면 다음과 같다.

[전제1] 존재하는 모든 것은 그것의 원인을 갖기 마련이다.
[전제2] 존재에 대한 인과의 계열은 언젠가는 끝이 나야만 한다.
[결 론] 궁극적인 원인이 존재한다. 그것은 곧 신이다.

우주론적 논증은 만물의 현상으로부터 신의 존재를 추론해 내는 논증방식으로 철학에서 형이상학의 한 분야로 자리 잡고 있다. 토마스아퀴나스(Thomas Aquinas)에게서 비롯된 우주론적 논증은 우주의 현상과 존재로부터 신의 존재에 대한 실마리를 찾으려는 시도이다. 이러한 논의는 중세 스콜라철학에서부터 신학과 더불어 신의 존재와 속성을 합리적으로 설명하려는 입장을 취한다. 토마스 아퀴나스는 아리스토텔레스의 철학적 방법론을 끌어들여 이 논증을 구체화 시키게 된다. 물론 이러한 증명 역시 문제점을 내포하고 있는데, 이는 〔전제1〕과 〔전제2〕가 모순된다는 점에서 비롯된다.

〔전제1〕 "존재하는 모든 것은 그것의 원인을 갖기 마련이다."가 갖는 의미는 존재하는 그 어떠한 것도 예외 없이 그 원인을 갖는다는 것으로 '전칭긍정 진술'이다. 여기에 예외가 있다면 전칭진술은 성립될 수 없다. 왜냐하면, 단 하나라도 예외가 있다면 '특칭진술'이 되고 말기 때문이다. 그런데 〔전제2〕는 "존재에 대한 인과의 계열은 언젠가 끝이 나야 한다."라는 전제로 이 진술이 갖는 의미는 인과의 계열에 대해 무한퇴행을 허용하지 않는다는 것으로 궁극적인 원인에 해당하는 제일원인을 제외하고 나머지 모든 것은 원인을 갖는다는 의미를 함축한다. 그렇다면 제일원인 단 하나를 제외하고 있다는 점에서 이는 특칭진술이 되고 만다. 결국, 이를 두 전제가 동시에 성립될 수는 없다. 〔전제1〕은 전칭진술로서 예외를 허용하지 않는 반면, 〔전제2〕는 특칭진술로서 예외를 허용하기 때문에 긍정과 부정이 동시에 성립된다는 점에서 모순된다. 하지만 이러한 모순에서 벗어나기 위해 다음과 같이 논증을 수정할 수 있다.

[전제1] 제일원인을 제외한 존재하는 모든 것은 그것의 원인을 갖기 마련이다.

[전제2] 존재에 대한 인과의 계열은 언젠가 끝이 나야만 한다.

[결 론] 궁극적인 원인이 존재한다. 그것은 곧 신이다.

위와 같이 수정할 경우 모순으로부터 벗어날 수 있다. 하지만 신 존재를 증명한 것이라고 할 수 있는가? '제일원인을 제외한'이라는 의미는 토마스아퀴나스의 의도에 따를 경우 '신을 제외한'이라는 의미와 논리적으로 동치 된다. 말하자면 신이 존재함을 이미 전제하고 있다는 점에서 신 존재를 증명했다고 할 수는 없다.

다음으로 목적론적 증명은 물리-신학적 증명이라고도 부른다. 논증의 출발은 이 세계가 더할 수 없는 아름다움, 합목적성, 장엄함을 소유한 가장 조화로운 것이라는 점에서 출발한다. 이 세계가 조화롭고 합목적적이라면 그와 같이 세계를 만들어 놓은 신과 아울러 신의 섭리가 작용한 결과라고 설명하는 방식이다. 이 경우에 성립하는 것이 신 존재에 관한 목적론적 증명이라고 할 수 있다.[95] 예를 들어, 시계와 같이 비교적 간단한 기계도 그것이 우연히 만들어진 것이라기보다는 어떤 지능을 가진 시계공에 의해 만들어졌다고 하는 것이 보다 합리적일 것이다. 그렇다면 시계보다 훨씬 더 복잡한 이 우주가 우연하게 만들어졌다고 할 수 있겠는가 하는 점이다. 우리 몸의 그 복잡한 구조와 조화라든가 동물들의 상호관계, 동물과 식물의 상호작용, 천체의 운행 등과 같이 변화무쌍한 자연이 나타내 보이는 그

질서가 모두 우연히 이루어졌다고 보는 것은 마치 시계가 우연히 파도에 의하여 만들어졌다고 보는 것같이 비합리적이라는 논점을 반영한다.

　신 존재 증명 가운데 이 목적론적 증명은 기독교적 전통과 잘 부합하면서도 매우 설득력 있는 논변이기는 하지만, 이것도 전혀 약점을 갖고 있지 않은 것은 아니다. 그 비판 근거는 자연 세계에 신비로운 조화가 있는 것은 부인할 수 없고, 그 복잡한 변화가 질서를 유지하는 것이 경이로운 것도 사실이지만, 자연 세계에는 조화만이 있는 것이 아니고 온갖 부조리와 부조화도 있기 마련이라는 점에서 비롯된다.[96] 실상 부조리와 부조화를 염두에 두었을 때 전선한 존재로서의 신을 어떻게 이해해야 하는가?라는 점이다. 이 점이 목적론적 증명이 비판을 받게 되는 이유가 되는 것이다.

　인간에게는 도덕법칙이 있다고 주장하는 사람들이 있다. 인간이 살아가는 실천적인 행위 차원에서는 반드시 양심이나 의무가 있어야만 하며 그러기 위해서는 절대적인 신의 존재를 상정하지 않으면 안 된다고 했을 때, 신 존재에 대한 도덕적 증명이 성립한다. 도덕법칙과 자유를 토대로 신의 현존에 대해 증명하려고 한 칸트의 논증은 그의 비판이론에 부합하면서도 실천이성의 자율성을 포기하지 않은 채, 신 존재에 대한 철학적 가능성을 열어 주고 있다. 칸트가 신 존재 증명을 통해 신에 대한 사고에 견고한 철학적 근거를 마련해 주고자 한 그의 철학적 신학은 신에 대한 신앙의 합리성을 철학적으로 확인하는 기능을 수행한다고 할 수 있다.[97]

그러나 칸트가 자신의 논증에서 도덕법칙이 무제약적으로 수반하는 당위의 명증성을 제일철학으로 삼는 데 성공했는지는 여전히 의문으로 남는다. 왜냐하면, 도덕적 주체성 안의 당위의 명증성과 요청으로 드러나는 신의 현존 사이에는 일종에 순환 관계가 성립하기 때문이다. 논증의 출발점인 무제약적 당위의 명증성이 자율적 도덕 체계의 중심에 있지 않고 실천이성의 필연성에 의해 단순히 요청된 신으로부터 해명된다는 것은 정초 맥락에서 볼 때 엄연한 순환 관계를 의미한다.

신은 이성이 수행해야 할 사고의 전제 조건이라는 사실은 칸트의 실천철학에서 신의 실재성을 요청하기 위한 근본 전제이다. 그러므로 칸트의 철학적 신학에 대한 비판이 단순히 철학과 신학의 단절 또는 철학적 신학의 불가능성을 주장하기보다는 긍정적인 의미에서 그의 논증과 신개념이 갖는 한계를 지적하고 그것을 극복할 수 있는 철학적 사유 가능성을 제시하는 방향으로 지향되어야 할 필요가 있다.

4. 신의 이해에 대한 합리적 접근 가능성

우리는 앞에서 신 존재 증명에 관한 네 가지 이론과 신 존재를 반박하는 이론들에 대해 살펴보았다. 여기에서 그 증명이 갖는 이론적 타당성을 문제로 삼는 것은 관점의 차이에 따른 선택과 평가의 문제라는 점에서 본 논의의 범위를 벗어난다. 물론 신앙에서는 필요하지 않을지라도 신에 대한 이론적 접근으로서의 신 존재 증명은 그 자체로 매우 의미 있는 일일 것이다. 왜냐하면, 신앙은 절대자에 대한 믿음만을 문제로 삼지만, 신학에서는 절대자의 존재를 어떻게 정당화시킬 수 있느냐와 관련된 문제이기 때문이다. 그러나 신앙과 신학의 문제는 종교철학에서 통합된다. 종교철학에서는 신앙과 아울러 신학의 근거를 해명하려 하며 양자의 근거가 어떻게 종합되는지를 밝히고자 한다. 넓게 보면 인간의 의식은 한편으로 절대자에 대한 감성적 접근이 허용되기도 하지만 또 한편으로는 신 존재를 논리적으로 정당화시키고자 한다. 왜냐하면, 신의 존재는 신앙을 통해 믿기도 하지만 이성을 통해 확인하기도 하기 때문이다. 궁극적인 측면에서 이론과 실천은 각각 분리된 영역으로 생각되지만 실은 삶의 두 측면인 것이다.

그리스 철학으로 대표되는 헬레니즘의 전통은 인류 문명의 사상사적 원류 가운데 하나이다. 헬레니즘 문명에서 철학이 발달하게 된 것은 인간 사유의 폭이 확장되었다는 것을 의미한다. 인간과 세계의 본질에 대해 묻고, 더 나아가 이를 초월하여 존재하는 신성에 대해 사유하기 시작하면서 주체적인 사유의 근거를 마련하게 된다. 이러한 주체적인 사유가 마련될 수 있었던 것은 영국의 철학자 벌린(Isaiah Berlin)에 따르면, 헬레니즘적 전통에서 신은 '주어진 신'이 아닌 '요청된 신'에서 그 근거를 찾을 수 있다고 한다. 헤브라이즘(Hebraism) 전통에서 신은 인간의 의지나 요청과 무관하게 주어졌다는 점에서 '주어진 신'으로 그 개념이 설정되는 반면, 헬레니즘 전통에서의 신은 인간의 요청에 의해 형성되었다는 점에서 '요청된 신'인

셈이다. 말하자면 주체적 사유의 근거는 신과 인간의 관계가 상호 독립적이라는 점에서 출발하는데 여기에서는 인간이 스스로 판단하고 결정하는 주체가 될 수 있기 때문에 합리성의 근간이 확보될 수 있다는 점이다. 이는 곧 이성적 주체로서의 인간이 이성적 능력을 통해 이 세계를 이해하고 분석하며 판단하는 진리 인식과 가치 판단의 기준이 된다는 것을 의미한다.

이렇듯 인간이 이성을 통해 신을 이해하고 납득할 수 있다는 것은 신에 대한 해명에 있어 중요한 단서를 제공해 준다. 우리가 외부 세계에 대한 정보를 받아들임에 있어 일차적으로 기여하는 것이 감성에서 비롯될 수 있겠지만, 우리의 관념과 지식을 가능하게 하는 것은 이성적 판단을 통해 확보된다는 사실이다. 신에 대한 인식 역시 이성적 능력과 무관하게 이루어질 수는 없다. 이성을 통한 신 존재에 대한 개념 형성은 어떻게 보면 매우 자연스러운 현상이기 때문에, 눈에 보이지 않는 신에 대해 증명하려는 시도로 이어지게 된다. 우리가 묻게 되는 것으로 신의 문제 이외에 시간, 자유의지, 인과성, 영혼 등과 같은 물음, 더 나아가 권리, 자유, 평등 등과 같은 물음은 우리가 경험할 수 없는 실체에 대한 접근이라는 점에서 형이상학에 속하는 문제들로 인간의 본성상 철학적 해명의 대상인 것이다. '나는 육체와 함께 정신을 가지고 있다는 것', '지난 일을 돌이킬 수 없다는 것', '자신의 자유로운 의지에 따라 행위를 한다는 것' 등과 같은 사실은 의심 없는 진리이기는 하나 그 존재성을 경험적으로 입증할 수 있는 것들이 아니다. 하지만 이러한 물음들은 인간과 세계를 통일적으로 이해하려는 인간의 본성에 비추어 결코 포기할 수 없는 영역이라는 점에서 신 존재에 관한 문제와 같은 맥락에서 이해할 수 있다.

9장 자유의지에 대한 인문학적 접근

김윤지

1. 우리의 선택은 자유의지에 따른 것일까?

실존주의 철학자 사르트르(Sartre, Jean Paul)에 따르면 "인생은 B(Birth, 출생)와 D(Dead, 죽음)사이의 C(Choice, 선택)이다."라는 말로 인간의 삶을 표현하고 있다. 이는 인간 스스로 '자유의지(free will)'[98] 를 지니고 스스로 선택한 삶에 책임을 지며 살아야 한다는 의미일 것 이다. 그런데 정말 우리는 자신의 자유 의지에 따라 선택할 수 있는 존재일까? 어쩌면 내가 선택했다고 믿는 순간과 결과들이 누군가에 의해 혹은 운명적으로 결정된 것은 아닐까? 여기에서 전자는 자신의 행위에 대한 결정을 스스로 통제하고 선택할 수 있다는 전제 아래 인간에게 자유의지가 있다는 입장이라고 한다면, 후자는 일련의 모든 사건과 사태가 선행되는 원인에 의해 필연적으로 결정되어 있다는 입장이다.

자유의지의 문제를 둘러싼 이러한 관점의 대립이 의미가 있는 것은 삶의 주체가 자신에게 있다는 철학적 함의뿐만 아니라, 현실적 문제인 '도덕적 책임의 문제'와 연관되어 있기 때문이다. 일반적으로 한 개인은 자신의 행위에 대해 책임을 지도록 요구받는데, 자유의지가 존재하느냐 그렇지 않느냐에 따라 책임 소재가 달라진다. 자유의지론자들은 어떤 행위자 X가 어떤 행위 A를 자유 의지에 따라 행위 했다는 것은 그가 실제로는 A를 행했지만, 그 당시 A 이외의 다른 행위를 할 수 있었다는 사실을 함축하며, 따라서 그가 A 이외의 다른 행위를 할 수 있었음에도 불구하고 실제로 A를 행함으로써 X는 A의 결과에 대해 책임을 져야만 한다는 것을 주장한다. 반대로 결정론자들은 우리가 실제로 한 행위 이외에 다른 어떠한 행위도 할 수 없다고 주장한다는 점에서 자유의지론자와는 그 책임 소재에 대한 성격이 근본적으로 다르다.

1998년 피터 위어(Peter Weir) 감독의 영화 「트루먼 쇼」는 샐러리맨인 트루먼(짐 캐리)이 태어난 순간부터 서른 살에 가까운 현재의 삶까지 일거수일투족 24시간 TV를 통해 보이는 쇼의 주인공으로 등장하는 영화이다. 트루먼은 자신의 자유의지에 따라 삶을 선택하며 살고 있다고 믿지만, 그 세계는 가공된 스튜디오에서 연출자에 의해 철저히 계산되고 조작된 결정론적 관점에 따른 세계이다. 이 영화는 과연 인간에게 자유의지가 존재하는가에 대해 깊이 성찰할 수 있는 좋은 사례에 해당한다. 이러한 사례를 통해 '자유의지'에 대한 철학적 접근을 시도하고 그 대안을 모색하는 것은 매우 의미 있는 일일 것이다.

따라서 이 글의 목적은 우리가 의심의 여지 없이 받아들였던 '자유의지'에 대한 타당성을 그 대안적 가능성과 함께 다각적으로 검토해 보고, 도덕적 책임 문제와 어떠한 연관성을 갖는지에 대해 살펴본 후 이러한 일련의 논의를 토대로 인간의 본성이 갖는 의미에 대해 성찰하고자 한다.

2. 자유의지와 결정론 간의 논쟁

자유의지를 둘러싼 논쟁은 결국 인간의 자유로운 선택에 대해 회의하는 것으로부터 시작된다. 그렇다면 과연 우리가 무엇을 선택한다는 것은 곧 자신의 자유로운 의지에서 비롯되는 것일까? 이에 대해 결정론에 따르면 인간 스스로 선택하는 것처럼 보이는 요소들이 사실은 어떤 행위나 요인에 의해 결정되어 강제되고 있기 때문에 다른 결과는 있을 수 없다고 주장한다. 여기에 속하는 대표적인 이론으로 기독교 철학자들을 중심으로 한 신의 전지전능성을 바탕으로 한 결정론(예정조화설)과 과학적 방법론을 근간으로 하는 인과율에 따른 결정론을 들 수 있다.

그 어떠한 사건이 되었건 그러한 사건의 결과는 반드시 원인이 존재하며 그에 따라 인간의 행위 역시 이미 결정되어 있다는 인과율의 원리에 기초한 물리주의적 결정론은 행위를 인과율의 원리가 아닌 자유의지의 지배를 받는 것으로 보는 자유의지론과는 정면으로 배치된다. 영화 「트루먼 쇼」의 주인공인 트루먼 버뱅크는 메릴이란 여인과 결혼하여 보험회사에 근무하며, 어린 시절 아버지가 익사하는 것을 보고 물에 대한 공포증이 있는 남자이다. 영화 속에서 주인공은 일련의 상황이 자신의 자유 의지에 따른 결정이라기보다는 특수한 힘에 의해 이끌린 것과 같은 의심에서 비롯된 회의를 통해, 결국 모든 환경적 배경이 그 어떠한 것도 선택할 수 없었던 연출의 일부분임을 깨닫게 된다. 영화의 의도는 전지전능한 신의 존재에 대한 상정과 더불어 철저히 인과율의 원리에 따른 결정론적인 입장이 깔려 있다.

1) 자유의지론에 대한 옹호와 결정론의 문제

결정론과 자유의지론의 논쟁에서 가장 큰 쟁점은 실제로 한 행위 이외에 다른 행위를 선택할 수 있는가의 문제에서 비롯된다. 영화 속 트루먼이 메릴이란 여인과 결혼을 했지만, 그 당시 메릴을 선택하지 않고 다른 여성을 배우자로 선택했거나 혹은 아무도 선택하지 않을 수 있었는가의 문제이다. 만약 현재의 부인 메릴을 선택하기 이전으로 되돌아가 그 당시 다른 여자를 선택하거나 그런 선택이 불가능하다는 것을 입증할 수만 있다면 이 문제는 간단히 풀릴 것이다. 그런데 문제는 지난 과거를 되돌릴 수 없으며 어떤 실험이나 관찰로도 입증할 수 없다는 사실이다.

자유의지론자들은 일상생활에서 우리가 어떤 선택적인 상황에 부딪혔을 때 심사숙고한 후에 하나의 대안을 선택한다는 사실을 통해 인간은 자유의지를 갖는다고 주장한다. 여러 대안 가운데 무언가를 스스로 선택하기 위해 숙고한다는 것 자체가 다른 행위를 할 수 있음을 의미하기 때문이다. 또한, 자신의 마음을 반성해 볼 때, 많은 행위를 자기 의지에 따라 행하고 있음을 쉽게 느낄 수 있다는 점에서 자유의지의 존재를 받아들이는 것이 자연스럽다고 주장한다.

반대로 결정론자들은 자신의 마음을 들여다본 후에 내린 결정을 항상 신뢰할 수는 없으며, 다른 행위를 할 수 있다고 믿는 것과 실제로 그렇게 행하는 것과는 확연히 구분된다는 점에서, 그럴 수 있다고 믿는 것과 실제로 그렇게 할 수 있는 능력이 상호 일치하지 않는다는 로크의 사례를 통해 설명하고 있다.[99] 물론 행위 결과를 신뢰할 수 있다고 하더라도 자유의지론자들과는 다르게 그러한 행위를 하지 않을 수 없는 인과적 요소를 항상 찾을 수 있다고 주장한다.

다시 트루먼의 부인 메릴의 사례를 통해 살펴보자면, 실제 그녀가 첫사랑이 아님에도 그는 메릴과 결혼을 했다. 하지만 메릴은 트루먼쇼의 연출자가 섭외한 트루먼의 내정된 아내의 역할이었다. 그는 의식하지 못했지만, 메릴은 그가 가정을 이룰 수 있는 조건을 만족시키며, 그의 시선 안에 머무르는 역할을 수행했다. 또한, 트루먼이 첫사랑과 이루어지지 않았기 때문에 시기적으로도 결혼을 하고자 하는 시점과 그의 의지가 일치한 것이다. 결국, 트루먼의 부인은 필연적으로 메릴일 수밖에 없었던 결과로 귀착된다.

이러한 인과적 요인들을 통해 결정론자들은 자신의 논지를 강화시킬 수도 있겠지만, 한편으로는 이미 결정된 삶 속에서 인간의 존재가 자동인형과 같이 느껴지기도 할 것이다. 비어슬리(E. L. Beardsley)가 지적하듯이, "우리가 근본적인 인과적 제 요인을 감안한다면, 우리는 인간과 인간의 행위를 특이한 관점에서 바라보게 된다. …… 우리는 인간을 염소 떼와 양 떼는 아니지만, 일종의 무리로서 간주하지 않을 수 없다."[100] 이러한 그의 주장에 따를 경우 옳고 그름에 대한 도덕적 식별은 사실상 무의미하며, 이러한 관점에서 사람들은 칭찬과 비난을 받을 하등의 이유가 없다.

2) 도덕적 책임의 문제

인간에게는 자유의지가 존재하기 때문에 자신의 행위에 대해 도덕적 책임을 물을 수 있다는 입장을 취하고 있는 칸트는 인간에게 도덕법칙이 존재하며 그 법칙을 준수하는 것이 모든 사람에게 공통적으로 부과된 윤리적 책무라고 여겼다.[101] 자유의지가 존재할 때 도덕적 책임을 물을 수 있는 것은 물론 윤리적 의무 역시 도덕 법칙을 근거로 하기 때문에, 도덕 법칙은 자유의지의 인식 근거가 된다는 것이다. 즉 X가 존재하지 않으면, Y가 존재할 수 없다는 의미에서 X는 Y의 존재 근거가 되며, 반대로 Y의 존재는 X의 존재를 간접적으로 확인할 수 있기 때문이다.

반대로 결정론자들의 관점에 따르면 결국 그렇게 될 수밖에 없는, 즉 피할 수 없었던 행위에 대해 도덕적 책임의 적용 범위가 다르다. 모든 행위는 개인의 의사를 떠나 이미 처음부터 결정되어 있기 때문이다. 미국의 유명한 변호사인 클래런스 대로우(Clarence Darrow)는 레오폴드(Leopold)와 로엡(Loeb) 사건(대학생 두 명이 14세 소년을 살해한 사건)의 재판에서 두 피고의 행위를 양립불가능적 결정론 등을 원용하여 사형 대신 종신형으로 판결한 적이 있다. 두 소년이 저지른 범죄의 행위가 당시 그러한 행위를 하지 않을 수 없도록 하는 원인적인 요소를 찾을 수 있다는 결정론적 관점에 입각해 부유한 가정에서 엘리트 코스를 받고 자란 외적인 환경과 달리 삶에 대한 의미를 찾지 못하고 공허하며 당시 니체의 초인(超人)설 및 선민의식에 매혹되어 살인을 게임으로 간주했던 피고들의 인과적 요인들을 감안한 판결이었다. 피고의 행위를 그들의 '타고난 운명'으로 보는 관점으로 자유의지론자들에 따른 도덕적 책임과는 그 적용 범위가 달라야 함을 주장했다.

그렇다면 이러한 부도덕한 혹은 불법적인 행위에 대해 처벌하는 문제를 어떻게 보아야 하는가? 자유의지론자들의 입장에서는 당연히 스스로 도덕적 법칙을 위배한 행위 결과에 대해 책임을 지고 처벌을 받아야 마땅할 것이다. 도덕적 책임 소재가 불분명한 결정론자들 역시 부도덕한 행위를 한 사람에게 제재를 가해야 함을 주장한다. 그가 그 행위 이외에 다른 행위를 할 수 있었음에도 문제의 부도덕한 행위를 실제로 했기 때문이 아니라, 한 공동체에 심각한 영향을 미치는 행위를 처벌하는 것이 차후에 그와 유사한 행위를 선택하지 않도록 결정하는 데 효과가 있기 때문이다. 다시 말해 도덕적 응징이나 법적인 처벌은 어떤 행위자가 과거에 한 행위에 대한 응보로서가 아니라 미래에 미칠 효과 때문에 의미가 있다는 것이다. 예를 들어 성범죄자에게 전자 발찌를 채우는 경우, 범죄자의 과거 행위에 대한 징벌적 의미의 처벌이 자유의지론적인 입장이라면, 결정론에서는 미래에 재발할 수 있는 범죄의 경각심을 확인하게 하는 장치라고 볼 수 있다.

두 주장은 각기 나름의 타당한 이유를 들어 치열하게 논쟁이 이루어져 왔다. 지금까지의 논쟁은 결코 양립할 수 없는 각기 다른 두 주장을 둘 중 하나의 전제가 참이라는 전제하에 살펴보았다. 그러나 한편으로는 자유의지론과 결정론을 조화시키려는 견해로 양립가능론이 등장하게 된다.

3. 양립가능성 이론과 결정론의 문제

양립가능론에 따르면 인간은 이미 결정되어 있는 존재라는 결정론적 관점을 바탕으로 자신의 의사 또는 욕구(desire)에서 비롯된 자발적인 행위와 강요된 비자발적 행위 사이에 뚜렷한 구분이 존재하며 전자의 행위를 자유로운 행위라고 부를 수 있기 때문에 자유의지도 수용할 수 있다는 견해로 두 견해가 양립할 수 있다는 주장이다. 자유로운 행위란 원인이 없는 행위가 아니라, 원인이 행위자 외부가 아닌 내부에 있는 행위, 다시 말해 자발적인 행위로부터 파생된 결정론적 관점이기도 하다.

예를 들어, 영화 속 트루먼이 하늘에 떠 있는 해와 달 그리고 비, 바람 등 모든 것이 통제 가능한 가공된 '씨 헤이븐'의 세계에 자신의 의사에 따라 머물러 있다면 자발적인 행위를 행한 셈이다. 하지만 망망대해 위에서 자신 때문에 익사한 아버지로 인한 트라우마와 기계로 작동된 거대한 폭풍우와 세트를 외부에서 잠그는 바람에 나갈 수 없다면 그 행위는 비자발적이라고 할 수 있다. 양립가능론자들은 전자의 행위를 자유의지에 의한 것으로 해석하는 것이다. 물론 그렇다고 자유의지에 대한 행위가 무조건적으로 원인이 존재하지 않는다는 뜻은 아니다. 이렇게 본다면 양립가능론자에 의하면 자유의지에 관한 행위는 오히려 내부에서 형성된 의지와 욕구라고 볼 수 있으며 자발적이면서 동시에 어떤 원인으로부터 필연적으로 귀결되는 행위가 가능하다는 점에서 두 견해를 동시에 수용하는 입장으로 이해할 수 있다. 이와 관련하여 에이어(Ayer, Alfred Jules)는 다음과 같이 설명하고 있다.

"첫째 인과적 필연성과 논리적 필연성을 혼동하는 경향이 있으며, 그에 따라 결과가 원인에 내재한다고 부당하게 추리하는 상황이다. 둘째는 밀고 부딪히는 소박한 경험으로부터 유래하는 힘의 개념을 무비판적으로 사용하는 경향이다. 셋째는 인과성에 대해 물활론적 개념을 활용하여 모든 인과 관계의 모델을 한 개인이 다른 사람에게 권위를 행사하는 사례에서 찾는 경향이다. 그 결과의 하나로 우리는 강압적인 원인의 쇠사슬에서 벗어나려는 공허한 노력을 시도하는 어떤 불행한 사태를 상상하는 경향이 있다. 그러나 거듭 말하지만 한 유형의 사건이 발생하는 순간, 다른 유형의 사건은 앞의 사건과 시간적 관계, 혹은 시간 –공간적 관계 속에 발생한다는 것만이 사실이다. 그 밖의 것은 모두 메타포 때문이지 사실 때문은 아니다."[102]

그러나 양립불가를 주장하는 결정론자들은 어떤 행위자 X가 실제로 행위 A를 하기는 했지만, 그 당시 행위 A를 하지 않을 수도 있었다는 것에 동의하지 않는다. 왜냐하면, 자연법칙과 결정된 원인으로 인해 A는 그 시간과 장소에서 일어나도록 이미 결정되어 있으며 그것 이외의 다른 사건은 일어날 수 없다고 믿기 때문이다. 영화 속 트루먼이 같은 날 태어난 많은 아기 가운데 선택되어 프로그램의 주인공이 된 것은 자발적으로 선택할 수 있었던 문제가 아니라 기획했던 시간과 타이밍에 태어나 선택되었던 자연 법칙의 결과이자 프로그램 연출자의 기획에 따라 결정된 운명이었다. 촘촘히 짜인 허구의 세계가 트루먼에겐 연출자의 의도된 삶대로 살아갈 수밖에 없는 결정론의 관점에 따른 세계로 다른 사건은 일어날 수 없었다.

이에 대해 양립가능론자들은 결정론을 수용하는 입장에서도 "행위자 X가(실제로 한 행위) A를 하지 않을 수도 있었다."는 말이 성립한다고 주장한다.[103] 이에 따르면 트루먼이 메릴과 결혼할 수밖에 없는 인과적 원인이 있었음에도 결국 그가 "메릴과 결혼을 원치 않았다면 하지 않았을 수도 있다."는 가정이 양립가능하다는 주장이다. 오히려 결정론이 참이라면 지금까지 인간이 별다른 의심 없이 받아들인 너무도 많은 것이 거짓이 되어버리는 충격적인 사태를 초래하고 만다는 벌린의 의견이나 플루[104]의 지적은 "다르게 행위 할 수 있었다."라는 양립가능론을 더욱 옹호한다.

4. 대결이 아닌 극복으로

결정론은 근대 이래 과학적 세계관의 확립과 더불어 확산하기 시작한 견해이다. 결정론자들은 자연적인 사건만이 아닌 인간의 행위에 대해서도 그 관점에 서는 것이 과학적 세계관을 받아들이는 입장에서 일관적임을 주장한다. 그러나 인간의 행위는 그것의 원인이 주어진다고 해도 그 행위가 반드시 따라 나온다고 말할 수는 없다. 철학적 논의를 위해 살펴본 영화 속 트루먼도 결정된 세계 안에 존재했지만, 결국 스스로 자유의지에 의한 행위에 따라 그 세계에서 벗어날수 있었다. 인간의 내적 극복이 어려운 트라우마라는 장치와 물리적인 모든 요소를 동원해 '씨 헤이븐'에 머물게 하려 했지만, 자유의지의 발동은 자신의 삶에 대해 자발적인 책임을 가능하게 만들고 세트장 안의 세계를 떠나는 것으로 결론을 맺는다.

하지만 이와 반대로 트루먼의 떠남이 어느 시점에서는 가상세계의 존재를 발견할 수밖에 없었고 또한 그의 자연적인 성품과 기질에 따라 떠날 수밖에 없었다고 가정한다면 트루먼 행위의 결과는 인과적 요소를 포함한 결정론적 관점에 따른 것으로 해석할 수 있다. 나아가 이러한 결정론적 관점을 바탕으로 예측할 수 없는 미래에 대한 불안과 어려움을 각오하고 안락한 씨헤이븐의 세계에서 떠나게 되는 그의 자발적인 행위는 양립가능론의 명제 역시 성립시키게 된다.

자유의지를 바탕으로 한 다양한 논쟁은 지속적으로 이어지게 될 것이다. 다양한 관점에서 비롯되는 첨예한 대립에도 불구하고 둘 중 하나를 받아들이거나 거부해야 하는 양자택일을 오랫동안 요구받아 왔다. 이는 결국 흑백사고의 오류를 범하고 있다는 것이다. 그렇다면 자유의지를 둘러싼 논쟁에서 자유의지론 혹은 결정론의 참과 거짓을 논하는 이론적 논쟁은 무의미한 논의로 이어질 가능성이 크다. 무엇보다 우리의 삶에 적용 가능한 생산적 논의가 되기 위해서는 양자택일적 강요에서 벗어날 필요가 있다.

영화 속 트루먼이 선택한 삶은 자유 의지를 바탕으로 인과율의 결정론적 관점을 무조건 부정하며 대립했던 것이 아니라 자신의 삶에 책임과 의무를 질 수 있는 실천적 논쟁이었다. 때론 어떤 관점에서 파악하느냐에 따라 인간의 행위와 삶을 책임지는 주체와 원인을 성찰할 수 있었다. "인생은 삶과 죽음 사이의 무수히 많은 선택으로 이루어진다."는 사르트르의 지적을 염두에 둔다면 대결적이고 소모적인 논쟁적 관점이 아니라, 우리가 만들어가야 하는 이상적인 미래를 위한 조화와 극복의 과정으로 이해해야 할 것이다. 게다가 그 선택의 주체가 인간 자신으로부터 비롯된다는 믿음은 곧 우리에게 주어진 '자유의지'를 적어도 인정할 수 있는 근거가 된다는 사실이다. 그 선택의 주체가 인간 스스로라고 믿는 믿음의 시작부터가 우리에게 주어진 '자유의지'를 조화롭게 인정하며 극복하고자 하는 출발점이 될 것이다.

10장 정의(正義)에 대한 인문학적 접근

유정원

1. 정의에 대한 오해

우리는 '정의'라는 말을 주변에서 늘 들어왔고 수없이 사용해 왔고 또 사용하고 있다. 하지만 무엇이 정의로운 것이며, 무엇이 정의롭지 않은 것인지에 대해 명확하게 구분해서 사용하고 있는지에 대해서는 많은 의구심이 든다. 말하자면 일반적으로 가장 흔하게 사용하고 있는 개념이지만, 진정 "정의가 무엇인가?"라는 질문에 대해 답변을 해야 하는 상황이 발생한다면 무척 당혹스러울 것이다. 마치 행복이 무엇인가에 대한 구체적인 답변만큼이나 그 답변 역시 어려울 수 있다.

수 세기 동안 우리 인류는 혁명과 집회, 그리고 전쟁에서 정의라는 이름을 앞세워 그 명분을 대신해 온 것이 사실이다. 예를 들어 다양한 형태의 전쟁은 말할 것도 없고, 최근 우리의 경우만 보더라도 보수와 진보의 팽팽한 대립의 이면에는 사회-정치적으로 각각 정의라는 명분을 내세워 스스로 정당화시키고 있는 것이다. 겉으로는 정의라는 명분을 내세워 옳고 그름을 따지지만, 그 이면에는 이권과 암투라는 대립 구도가 자리하고 있기 때문이다. 그래서 함부로 자신의 성향을 드러낼 수도 없고, 자신이 어느 쪽이라고 말하는 순간 상대의 공격을 받기 십상이다.

미국 하버드대의 교양과목을 토대로 쓰인 마이클 샌델 교수의 『정의란 무엇인가』라는 저서가 한국에 번역본으로 출판되어 약 150만 부의 엄청난 기록을 세우기도 했다. 정작 미국에서의 약 10만 부 정도의 판매량과 비교해보면 한국 국민의 정의에 대한 갈증은 어느 나라와 비교해도 부족함이 없다는 것을 알 수 있다. 이처럼 우리는 누구보다 정의와 정의롭게 산다는 것에 대해 목말라하는데 그것이 무엇인지에 대해 엄밀하고도 납득 가능한 설명의 제시는 어려운 것일까? 한 가지 분명한 것은 어느 세대, 어느 지역을 막론하고 무엇이 정의로운 것인지에 대한 관심은 어떠한 형태로든 표명해 왔다는 사실이다. 자유나 평등 혹은 권리 등과 마찬가지로 '정의' 자체는 철학적 주제에 속한다. 그래서 인간 행위의 옳고 그름과 관련이 있다는 점에서 도덕적 물음에 속하는 개념이다. 우리는 옳은 행위와 관련된 정의에 관심을 늘 기울여 왔고 정의롭게 살고자 부단히 노력해 왔다.

이 글의 목적은 정의가 무엇인지에 대한 철학적 해명에 주목하고, 정의에 대해 철학적으로 어떻게 규정하고 해명해 왔는지에 대한 설명을 토대로, 철학에서의 윤리학적 논의와 연관 지어 정의와 관련된 적용 사례들을 분석하고 해명함으로써 그 본성을 규명하는 데 있다.

2. 정의란 무엇인가: 정의에 대한 법적 접근

정의에 대한 사전적 의미[105]는 그것이 무엇이든 올바름, 공정함과 동의어로 받아들일 수 있는데, 즉 그 행위가 올바른 행위라고 한다면 그것은 정의롭다고 말할 수 있을 것이다. 하지만 사전적인 의미로만 받아들일 경우 다음과 같은 물음이 제기될 수 있다. 즉, 그렇다면 '무엇이 옳은 것이고, 누구나가 옳다고 여길 수 있는 그러한 행위란 무엇인가?' 의견의 대립이나 충돌 없이 누구에게나 받아들일 수 있는 개념이라고 한다면 '왜 여전히 문제가 되는 것일까?' 따라서 '누구나가 공감할만한 보편적인 그러한 답변은 없는 것일까?'

이러한 궁금증은 아주 오래전부터 지속되어 왔고, 그 답변을 찾으려는 노력 또한 지금까지도 이어지고 있다. 그러한 노력의 일환으로 다양한 답변들이 제시됐는데, 그렇게 해서 탄생한 이론들은 매우 설득력 있는 방식으로 전개되어 온 것 또한 사실이다. 따라서 많은 사람으로 하여금 공감을 불러일으킬 만한 이론의 제시는 곧 정의를 보편적이고도 객관적으로 설명할 가능성을 열어 놓은 것으로 평가할 수 있다.

일반적으로 우리는 법(法)이란 정의롭지 않은 일들을 판단하고 심판할 수 있는 기준이 되는 것으로 여긴다. 하지만 과연 그러한가? 라는 물음을 제기했을 때, 그 물음의 이면에는 다음과 같은 의미를 함축한다. 즉, 모든 법이 정의로운, 혹은 올바른 일에 적용하기 위해 만들어졌다고 여기지 않을 수 있기 때문이다. 예를 들어 독재정권을 유지하기 위한 법이나 재벌을 옹호하기 위한 다양한 법들이 그에 대한 사례라고 할 수 있다. 소수 기득권자만을 위한 특별법 역시 도덕적으로 옳지 않은 목적으로 탄생한 것이기 때문이다.

소크라테스는 "악법(惡法)도 법이다."라는 주장을 한 것으로 알려져 있다.[106] 당시 아테네에서 주류를 이룬 학파는 소피스트들이었다. 이들은 법을 제정함에 있어 그 법적 제정기준을 '이익'의 관점에 두었다. 즉, 누군가의 이익을 위해 법을 만들어야 한다고 했다. 하지만 소크라테스는 이들과 생각이 달랐다. 즉, 그에 따르면 실정법은 자연법에 따라 만들어져야 한다고 주장했다. 그는 법 제정 기준을 다음과 같이 설명한다. 즉, '악법'의 경우 어떤 이익에 따라 만들어진 법이라고 한다면, '정법(正法)'의 경우 자연의 순리에 맞게 만들어져야만 한다는 것이다.

그래서 소크라테스는 이익에 따라 만들어진 악법은 반드시 고쳐져야 한다고 주장하면서, 동시에 그것을 고칠 수 없다면 어쩔 수 없이 그 법에 따라야 한다는 것이다. 그렇다면 이러한 주장을 하게 된 의도는 무엇일까? 그는 공동체주의에 대한 신봉자로서 사회적 동물로서의 인간은 공동체, 즉 사회를 떠나 행복한 삶을 누릴 수 없다고 보았기 때문에, 사회적 동물인 인간은 하나의 질서 체계에 속해야 진정한 의미에서 행복을 누릴 수 있다고 보았다. 바로 이러한 질서 체계가 곧 법인 것이다. 말하자면, 소피스트들이 주장하는 바에 따라 이익을 위해 제정된 법이 비록 악법이라고 할지라도 이를 지키지 않으면 다른 사람이 법을 준수하지 않았을 때 이들에게 법적 책임을 물을 수 없기 때문이다. 그 배경에는 이런 상황이 확대되면 결국 그 사회는 유지될 수 없다는 그의 통찰에 따른 것이다.

비록 그 법이 자연법에 어긋나는 악법이라고 할지라도 우리가 이를 지켜야만 하는 당위성은 궁극적으로 법적 책임의 문제와 사회의 질서 유지 차원에서 비롯된다. 그렇다면 이러한 일련의 행위를 정의롭고 옳은 일이라고 할 수 있을까? 아마도 이를 선뜻 받아들이기는 어려울 것이다. 모든 법이 이익을 위해 만들어진 소피스트들에 입각한 '실정법(實定法)'은 아니지만, 법의 잣대만을 가지고 그 행위의 옳고 그름을 판단하는 것이 정의에 부합한다고 하기에는 뭔가 석연치가 않은 구석이 있다. 왜냐하면, 법이란 어떠한 경우에나 정당하다고 말할 수 없다는 점에서 그렇다. 왜냐하면, 법은 시대의 변화에 따라 변하기 때문이다.

법을 통해 정의에 대한 해명을 속 시원하게 해줄 수 없다면, 그 대안 또한 얼마든지 마련할 수 있을 것이다. 시대와 상황에 따라 변하는 법보다는 시공간의 제약 없이 받아들일 수 있는 '절대적인 기준'에 대한 인문학적 접근을 통해 그 방안을 마련해 볼 필요가 있다. 말하자면, 진정한 의미에서 보편적 진리를 찾고자 했던 철학자들의 주장을 통해 접근하는 것도 가능한 방안일 수 있기 때문이다.

3. 공리주의적 관점에 따른 정의

정의에 대한 해명을 위해 우리가 익숙히 들어본 '최대 다수의 최대 행복'을 주장한 제러미 벤담의 '공리주의'에 대해 주목해 볼 필요가 있다. 공리주의에 따른 옳음이라고 하는 것은 한 집단의 이익, 즉 쾌락의 총합이 반대쪽 고통의 총합보다 크면 공동체의 이익(공리; 功利)을 극대화시키는 방법이 결과적으로 옳은 행동이라고 보는 관점을 취한다. 이에 대해 마이클 샌델이 제시하고 있는 사례를 통해 살펴보면 다음과 같다. 즉, 사회 전체의 공리를 위해 거지들을 한곳에 몰아넣고, 구빈원(救貧園)을 만들어 그곳에서 일을 하면서 그에 맞는 보상을 받아가며 생활하게 만드는 방안이다. 언뜻 보기에 거지들에게 무조건적으로 그렇게 하라고 요구하는 것으로, 부당한 처사라고 생각할 수도 있다. 물론 벤담은 거지들의 공리도 소홀하게 취급하지 않았다. 구빈원에서 일할 때보다 구걸할 때가 더 행복한 거지도 있으리라는 점도 염두에 두었기 때문이다.[107]

하지만 행복하고 여유로운 거지에 비해, 불행한 사람의 수가 더 많다는 점을 지적한다. 결국, 구빈원으로 끌려가는 거지들이 어떤 불행을 느끼든 그렇지 않든 대중이 겪는 고통의 합이 더 클 수 있다는 것이 벤담의 생각이다. 이 관점은 개인의 권리를 존중하지 않았다는 점에서 많은 비판에 직면하게 된다. 그 비판은 도덕적인 기준에서 본다면 분명 인간의 존엄성과 자유를 상당히 훼손한 결정이라는 점에서 그렇다.

또 다른 사례를 통해 보다 구체적으로 검토해 보자. 어떤 테러범이 한 도시를 일시에 날려 버릴만한 폭발물을 설치했고 곧 폭파시킬 듯한 자세를 취하고 있는 상황이다. 폭발물이 어디에 설치되어 있는지는 테러범만이 알고 있고, 국가 안전기관은 작전 끝에 그를 생포하게 된다. 곧 터질지 모르는 폭발물의 위치를 파악하기 위해, 테러범에 대한 고문을 결정하고 이를 시행한다. 그렇게 함으로써 폭발물의 위험으로부터 무고한 시민들을 벗어나게 했다면 그 고문은 정당한 혹은 옳은 일이라고 할 수 있는가? 벤담의 입장에 따른다면, 고문은 분명히 옳은 일일 것이다. 테러범이 겪게 되는 육체적, 정신적 고통이 폭탄의 위험으로부터 벗어나게 함으로써 오게 되는 다수 이익의 총합보다 매우 적기 때문이다. 하지만 벤담의 주장을 반박했던 인간의 존엄성의 관점에서 본다면, 분명 어떤 사람에게 고문의 방법으로 고통을 주는 것은, 아무리 다수의 이익을 위하는 일이라고 할지라도 도덕적으론 받아들이기 어려울 수 있다.[108] 이 두 가지 경우를 놓고 면밀하게 검토해보자. 다수를 위해 소수의 자유가 희생되었다는 점에서는 유사성을 갖지만, 우리는 두 번째 경우의 희생에서는 어떠한 동정도 하기는 어려울 것이다. 오히려 정의로운 일이라고 생각할 수도 있다. 그렇다면 왜 그런 것일까?

현대 대부분의 국가는 자유민주주의 체제를 지향하며 그 이념에 따라 옳은 일을 하는 것을 미덕으로 삼는다. 다시 말해 물질적 그리고 정신적인 행복에 있어서, 최대 다수의 최대 만족을 가져올 수 있는 분배의 정의를 실현하고자 하기 때문이다. 하지만 대부분의 사회 구성원들이 그것을 추구한다고 해서 사회적 불평등이나 소외계층이 없어지는 것은 아니며, 공동의 발전을 위해 결정된 일이라고 하더라도 언제나 어두운 면은 존재할 수 있기 때문이다. 자유를 자연법적 차원, 즉, 자연의 순리에 의해 만들어진 법의 차원에서 본다면 개인은 어떠한 구속이나 억압으로부터도 자유로워야 하며, 자신의 의지에 따라 행동할 수 있어야만 한다. 그렇다면 이러한 충돌을 해소하고, 인간의 자유를 실현하기 위한 방안은 없는 것일까?

4. '정의'에 대한 철학적 근거

정의(正義)에 대한 사전적 정의(定義)에 따르면 "사람들 간에 중요한 이익과 부담의 분배를 포함한다."고 설명하고 있다. 정의라는 주제에 대한 고전적 논의는 아리스토텔레스의 『니코마코스 윤리학』에서 찾을 수 있다. 아리스토텔레스에 따르면 정의는 다음 세 가지를 포함해야 하는 것으로 규정하고 있다. 첫째, 당사자들 간에 서로 평등해야 한다. 둘째, 불평등한 대우를 받을만한 도덕적으로 정당한 불평등에 대해 고려해야 한다. 셋째로 제거되어야 하거나, 보상되어야 하는 부당한 불평등에 대해 고려해야 한다.[109] 이러한 형식적 정의(正義)에 대한 생각이 아리스토텔레스에게서 유래했다는 점에 있어서는 논란의 여지가 없다.

사실상, 서로 다른 방식이기는 하지만, 칸트로부터 포퍼(K. Popper)에 이르기까지 대부분의 철학자는 평등한 경우는 평등하게 대우하고 불평등한 경우는 불평등하게 대우한다는 관념을 우리의 이성적 능력에 기반을 둔 선험적(*a priori*) 규범으로 여겨왔다. 그런데 정의에 대한 논의는 통상 구체적 실천에서 실질적인 규범을 확립하고자 할 때 더욱 문제가 된다. 예를 들어, 스포츠에서 이익과 부담의 분배를 토대로 적용되는 '적절한 불평등'은 운동선수의 경기 수행에 있다. 그 밖에 다른 불평등은 제거되거나 보상받게 된다. 그렇다면 '수행'은 어떻게 정의해야 하는가?

여기에서 결과주의적 규범이 정당성을 갖는 경우는 어떠한 경우인가? 몇 가지 정의(正義)에 직면하여, 우리는 아마도 모든 관련 당사자들 가운데 평균 선호-만족을 극대화할 수 있는 정의를 선택해야 할 것이다. 그러나 만일 그러한 해결책이 비결과주의적 인간관과 모순된다면 우리가 할 수 있는 것은 무엇인가? 고대 로마의 검투사 경기를 생각해 본다면 그 경기가 진행되는 동안 구경꾼들의 즐거움이 검투사와 그들의 희생자의 고통보다 더 비중이 있었다고 생각해 보자. 여전히 그러한 측면을 윤리적으로 정당화하기는 어려울 것이다. 여기에서 한 개인은 말 그대로 대중을 즐겁게 하기 위해서 희생된다. 서로 충돌하는 경우 결과주의 규범과 비결과주의 규범들 간에 선호를 결정함에 있어 어떻게 해야 하느냐는 문제가 대두된다.

결과주의적 견해는 홉스(Hobbes, Thomas)적 전통에서 비롯되는

데, 그에 따르면 자기 이익을 추구하는 당사자들은 상호 간의 이익을 극대화하기 위한 하나의 해결책으로 거래한다. 이는 합리적 이기주의자라는 인간관에 부합한다. 이와 다른 견해는 평등한 사람들이 한데 모여서 그들의 관계를 지배하는 규범을 집단적으로 결정할 경우 그들이 채택하게 될 이상적 합의에서 유래하는 것이 도덕이라는 칸트적(Kantian) 관념에 기반을 두고 있다. 그들의 결정은 이와 관련된 모든 정보에 대한 접근과 특정한 이익에 따르지 않는 것에 기반을 두어야 한다. 그러한 규범의 권위는 그것들을 결정하는 데 따른 과정의 공정성에서 비롯된다.

비결과주의적 사회계약 전통에 속하는 현대 철학자 존 롤즈(J. Rawls)는 사회 정의에 대한 가장 공평하고도 합리적인 결과를 도출하기 위해 하나의 가설적 계약 상황, 소위 '원초적 입장'(original position)을 제시하고 있다.[110] 여기에서 자신의 이익에 관심을 갖는 자유롭고 합리적 인간들은 성별, 인종, 지능, 특별한 재능, 약점 등과 같은 자신에 관한 특정한 사실에 대해 알지 못하는, 즉 '무지의 베일'에 가려진 상태에서 그들의 미래에 대한 협력을 위한 원리를 선택한다. 이에 따라 비형식화된 자기 이익에 근거하여 선택할 수 없게 된다. 동시에, 각 단체는 인간 사회에 관한 일반적 사실과 사회 조직과 도덕 심리학의 이론들과 같은 그들의 선택과 관련된 일반적인 모든 정보를 받아들인다. 이러한 입장에 따라 논증은 다음과 같이 전개되는데, 즉 단체들은 공평하고 도덕적으로 올바른 해결책에 이른다는 것이다. 원초적 입장은 공정한 상황에 대한 전형적인 사례에 속한다.

비록 롤즈가 사회정의론을 목적으로 삼기는 했지만, '원초적 입장'과 같은 공정성 조건이 도덕적으로 옳은 것을 규정해 주는 규범을 위한 출발점이 될 수 있다는 것에 착안한 것이다.[111]

롤즈는 정의에 대한 문제가 논의될 때 공정성을 전제로 하는데, 여기에서 공정성은 어떤 공평한(impartial) 절차들로 이해한다. 앞에서 언급한 바와 같이, 롤즈는 공정한 상황의 전형적 사례로 간주되는 이른바 '원초적 입장'이 도덕적 옳음의 규범들을 도출하기 위한 근거의 역할을 할 가능성을 제안한다. 도덕적 옳음의 개념은 이를 정의하기 위한 규범들, 즉 상대를 위해 하지도 상해를 입히지도 않기 위한 규범과 같은 '자연적 의무(natural duty)', 그리고 공정성에 대한 규범과 같은 책무(obligation)를 포함한다.[112]

롤즈는 도덕적으로 옳은 행위를 선택하기 위한 형식적 조건들을 일차적으로 공정성의 조건으로 규정하고, 그러고 나서 이러한 조건에서 확립된 공정성의 규범들에 대해 논의한다. 그가 주장하고 있는 이러한 측면들에 대해 보다 구체적으로 살펴볼 필요가 있다.

롤즈는 공정성을 두 가지 측면에서 해석하는 것으로 보인다. 첫째, 공정성은 '옳음'에 대한 규범들을 정당화하기 위해 충족되어야 하는 조건들로 구성된다. 이는 비강제적이고 정보에 근거한 일반적 합의를 위한 기초로서 누구도 합당하게 거부할 수 없는 해결책을 규정하고 있다. 둘째로 롤즈는 공정성을 보다 특수한 규범으로 이해한다.

"다수의 사람이 어떤 규칙에 따라 상호 이익이 되는 협동 체제에 가담하고, 따라서 그들의 자유를 자발적으로 제한할 경우, 이러한 제한에 복종하는 자들은 이로 인해 이득을 보는 사람들 쪽에 대해서도 유사한 동의를 요구할 권리를 갖는다.[113]

말하자면 한 인간이 그의 공정한 몫을 행하지 않고 타인들의 협동적인 노력으로부터 이득을 보는 것은 잘못이라는 것이다. 롤즈에 따르면, 공정성은 규칙-지배적인 실천(rule-governed practice)에 자발적으로 참여함으로써 발생하는 우선적인 책무를 구성한다.

공정성에 대한 이러한 해석은 도덕적 비결과주의에 기반하고 있다. 이것은 이성에 기초하여 자발적으로 선택하는 잠재성을 지닌 도덕적 행위자로서의 인간을 존중하는 3적 개념에 기원을 두고 있다. 그렇지만 공정성에 대한 의무가 무조건적으로 발생하는 것은 아니다. 충족되어야 할 첫 번째 조건은 우리가 자발적으로 참여해야 한다는 것이다. 여기에서 참여라고 하는 것은 어떠한 형태가 되었건 외부의 강제력 없이 선택했다는 것을 의미한다. 나아가, 인간 간의 상호작용을 위해서는 타당한 일반적인 도덕규범 혹은 '자연적 의무들'이 존재한다. 이들 중 하나가 정의를 지탱하는 것이다. 만약 이익과 부담이 임의적이고 자의적인 방식으로 분배된다면, 우리의 공정한 몫이 무엇인지에 대해, 그리고 우리 각자가 서로 협력함에 있어 기여하거나 받아야 할 것이 무엇인지에 대해 불분명한 규정이 되고 말 것이다. 정당하지 못한 행위는 도덕적 존재로서의 인격체라는 개념을 결코 반영해내지 못한다. 공정성이라는 개념 그 자체가 훼손되고 말기 때문이다.

지금까지의 논의를 토대로 공정성 규범을 정식화하면 다음과
같다.

> "평등한 경우는 적절하게 평등하게 대우받아야 하며, 불평등한 경우는 적
> 절하게 불평등하게 대우받을 수 있으며, 불평등한 대우는 두 경우 사이의
> 실질적 불평등에 따라 합당하게 이루어져야 한다." 이러한 규범은 형식적
> 인데, 다만 분배적 정의(distributive justice)를 구체화하기 위한 기본적
> 인 구조를 제공하고 있다. 국소적인 분배적 규범은 매우 다양하다.

무엇을 평등한 것으로 여길 수 있는지, 그리고 불평등하다고 했
을 때 그것을 불평등하게 여길만한 것이 무엇인지에 대한 실질적인
기준은 각각의 개별적인 관행이나 제도에 따른 다양한 목적의 견지
에서 정식화될 수 있을 것이다.

제**3**부

인문학적 물음들

11장 공정한 부의 분배는 가능한가

오세강

1. 공정한 부의 분배와 '공정성'

자본주의 사회에서 가진 자와 가지지 못한 자의 차이가 계층의 차이로 드러나는 현상을 자연스럽게 받아들이기도 하지만, 그렇다고 모두 다 그렇게 받아들이지만은 않을 것이다. 왜냐하면, 여기에는 부의 축적에 있어 우연성이 늘 상존하기 때문이다. 또한, 태어나면서부터 나의 의지와 상관없이 부의 분배가 이미 정해져 있다는 생각을 전제로 한다. 그래서 누구나가 모두 납득하고 받아들일 수 있는 부의 분배가 과연 가능하느냐는 질문을 던지게 되는 것이다. 이는 곧 현재 부의 분배에 있어 공정하지 않다는 우리의 생각을 반영하는 것이기도 하다. 이러한 의구심을 해소하기 위해서는 누구나가 받아들일 수 있는 최소한의 기준을 제시할 필요가 있다.

그러한 기준을 제시하기에 앞서 우선 사회의 구조적인 문제, 계층 간의 문제, 소외 등의 문제 등을 염두에 두었을 때, '공정성'에 대한 인문학적 근거에 대한 논의가 우선적으로 요구된다. 그렇다면 '공정성'의 개념을 어떻게 규정할 것이냐는 문제가 해소되지 않은 상황에서, '공정한 부의 분배는 어떻게 가능한가?'라는 문제에 대한 접근은 무의미할 것이라는 점에서 그렇다. 공정성이라는 개념이 갖는 의미에 대해 생각해 볼 때, 주관적인 측면보다는 오히려 객관적 측면이 더 요구된다는 점에서 어떠한 조건을 충족시켜야 공정하다고 할 수 있는지에 대한 문제로 바꾸어서 생각해 볼 수 있다. 이는 곧 공정성에 대한 필요충분조건에 관한 문제라는 점에서, 만일 사회학적인 혹은 경제학적인 측면에서 공정성에 대해 규정할 경우 제한된 규정에 그칠 우려가 있다는 의미로 받아들일 수 있다. 결국, 이 문제는 철학적 문제로 귀착된다는 사실이다. 이에 인문학적 접근을 통해 공정성에 대한 개념을 규정하고 이를 근거로 경제학적 측면에서 공정한 부의 분배에 적용하는 방식으로 진행되어야 할 것이다.

일반적으로 공정성을 '평등'이라는 개념과 동일한 의미로 받아들이곤 한다. 하지만 단적으로 말해서 공정성과 평등은 개념상 그 의미를 달리한다. 예를 들어 자본주의 체제를 전제했을 때, 자신의 연봉을 올릴 수 있는 기회는 누구나 예외 없이 평등하지만, 그 결과는 공정하지 않으며 그에 대한 보상 역시 공정하지 않을 수 있다. 말하자면, 평등은 기회의 측면에서 누구에게나 동등한 조건이 주어진다는 점에서 개개인에게 그 조건이 똑같이 주어졌느냐에 대해 고려하는 문제라고 한다면, 공정성은 일련의 과정이나 결과에 대해 평가할 경우 이에 대해 고려하는 문제라는 점에서 서로 확연히 구분된다. 즉, 공정성은 노력의 결과에 대한 보상의 방식에 있어 이를 판가름하는 기준이 공정한 것인지 그렇지 못한 것인지에 대한 문제인 것이다. 다시 말해 기회의 평등에 따라 똑같이 출발한 두 사람 중에 한 사람은 좋은 성과를 거두었고 나머지 한 사람이 그러지 못했다면, 그 결과에 따른 보상에 있어 차별을 둘 것인가의 여부에 관한 문제인 것이다. 하지만 공정성의 기준을 설정하는 것 또한 그렇게 쉬운 문제가 아니다. 왜냐하면, 평등의 원칙에 입각하여 똑같이 출발하기는 했지만, 유전적인 요인, 게임의 룰, 환경적인 요인, 사회적인 요인 등이 문제가 될 수 있기 때문이다. 또한 개개인이 받아들이는 결과의 보상 방식이나, 생각, 가치관 등이 다를 수 있고, 그 구조상의 차이점도 분명히 존재할 수 있기 때문이다.

그렇다면 공정한 결과에 대해 이를 어느 누구든 수긍하기 위해서는 한 조직이나 공동체 또는 사회가 지니고 있는 보편적이고 객관적인 기준이 제시되어야만 할 것이고, 한 집단이 공유하고 있는 상호주관적 측면에 수렴될 수 있는 객관적인 기준 역시 마련되어야 할 것이다. 물론 다양한 가능성 또한 열어 놓은 상태에서 그 기준이 마련될 필요가 있다는 점에서 다양한 각도에서 재해석의 여지 또한 마련되어야 할 것이다. 왜냐하면, 공정성이란 개개인이 받아들이는 정도의 차이가 존재하고 그에 대한 만족에서 오는 차이 또한 있기 때문이다.

이 글의 목적은 '공정한 부의 분배'에 대한 가능한 답변을 마련하기 위해 공정성 개념에 대한 철학적 분석과 아울러 그 개념적 규정의 한계를 극복하기 위해 인문학적 상상력을 통해 개념의 의미를 재조명을 하고, 이를 토대로 하여 현실적 측면에서 공정한 부의 분배에 적용하고자 한다.

2. 공정성으로서의 '정의'

공평하고 정당한 것을 그 속성으로 하는 공정성(公正性)에 대해 객관적인 관점에서 규정하는 것은 극히 자연스러울 것이다. 정의(正義)의 문제에 대해 논의할 때 공정성은 어떤 공평한 절차들로 이해할 수 있다. 롤즈(J. Rawls)가 말하는 공정성의 개념에 대한 성격 규정을 위해 스포츠에서의 게임(game)과 관련지어 적용할 경우 '페어플레이(fair play)'와 같은 맥락에서 이해할 수 있다. 또한, 개개의 사람들이 공동체를 만드는 과정을 일종의 게임의 구성으로 해석한다면, 각자의 권리와 책임에 대한 규정 또한 게임의 법칙이라고 말할 수 있다.

사전적 의미에 따른 '정의'는 사람들 간에 중요한 이익과 부담의 분배를 포함하는 것으로 제시하고 있다. 다시 말해서, 정의는 전형적으로 '사람 p가 p의 소유물이나 특정한 상황으로 인해 p가 받거나 지게 되는 이익이나 부담을 주게 되는 상황들'을 다루는 것이다.[14] 이러한 주제에 대한 고전적인 논의 가운데 하나를 든다면, 아리스토텔레스의 『니코마코스 윤리학』에서 찾을 수 있다. 아리스토텔레스에 따르면, 첫째, 우리는 당사자들 간에서 평등해야 한다는 견해를 전제해야만 한다. 둘째, 불평등한 대우를 받을만한 도덕적으로 정당한 불평등에 대해 고려해야 한다. 그리고 셋째로 제거되어야 하거나, 보상되어야 하는 부당한 불평등에 대해 고려해야 한다.[115] 정의에 대한 형식적 규범은 다음과 같이 정식화할 수 있다.[116]

> "적절하게 평등한 경우는 평등하게 대우해야 하고, 적절하게 불평등한 경우는 불평등하게 대우할 수 있으며, 불평등한 대우는 여러 경우 간에 실제적인 불평등에 일치하도록 합당하게 이루어져야 한다."[117]

물론 이러한 형식적 규범이 직접적으로 행위를 인도해주는 힘을 가지고 있지는 못하다. 이와 동일한 맥락에서 롤즈는 '공정성으로서의 정의'에 대해 두 가지 원칙을 들고 있다. 첫 번째는 평등의 원칙이고, 둘째는 차등(불평등)의 원칙이다. 그는 공정성을 이 두 가지 원칙에 따라 규명하고 있다. 롤즈에 따르면 공정성은 결과로서의 평등이 아닌, 결과에 이르는 절차와 형식에 비중을 두고 있다. 예를 들어 게임의 규칙이 공정하다면 게임의 결과와 무관하게 공정성을 확보할수 있다는 것이다. 정의로운 사회 역시 이러한 점들을 평등하고, 공정한 방식으로 이행되어야만 한다는 점에서 공동체에 속한 각 개인에게 공정한 절차에 따라 합당한 몫을 나누어주는 것이 정의로운 것이라고 할 수 있다. 하지만 결과주의와 비결과주의 규범은 상호 보완적인 것으로 보인다. 그렇다고 반드시 그것들이 완전한 도덕적 관점을 구성한다는 것을 의미한다고 보기도 어렵다.

　사회가 비록 상호 간의 이익을 위한 협동체이기는 하지만, 그것은 이해관계의 일치뿐만 아니라 이해관계의 상충(相衝) 역시 공존하는 것이다. 하지만 공동체에 속한 사람들 각자가 자신의 노력만으로 살아가기보다는 사회협동체를 통해서 모두가 보다 나은 삶을 지향한다는 측면을 염두에 둘 경우 상호 이해관계는 일치할 것이다. 물론 여기에는 공정한 부의 분배라는 합의에 도달하기 위해 필요한 어떤 원칙들의 체계 또한 요구된다. 이러한 원칙들이 바로 사회 정의 기준의 역할을 한다.[118]

　정의에 대한 일반적 요구가 다른 목적들에 대한 추구를 결정함에 있어 그 한계를 분명하게 해주는 역할을 해준다. 정의관을 가진 사람들은 사람들 간의 기본적 권리와 의무를 할당함에 있어, 부당한 차별이 없을 경우, 사회생활의 이득에 대한 상충되는 요구를 적절하게 조정해줄 규칙들을 인정하고 그 제도에 합의할 수 있어야 할 것이다.[119] 그렇다고 해서 어떤 합의의 기준만이 인간 사회가 존립하기 위한 유일한 조건은 아닐 것이다. 사회정의가 가장 중요한 경우에 적용될 수 있다면 그것으로 충분할 것이다. 또한, 정의의 원칙에서 이러한 관점이 가장 중요한 부분이기는 하지만, 그 또한 일부에 지나지 않는다. 바로 정의의 원칙이 공정한 최초의 상황에서 합의된 것이라는 생각을 담고 있기 때문이다. 정의라는 개념과 공정성이라는 개념이 동일하다는 것을 의미하지는 않는다. 공정으로서의 정의는 사람들이 함께 선택하게 될 가장 일반적인 것 중의 하나로 시작된다.

롤즈는 사회 정의에 대한 가장 공평하고도 합리적인 결과를 도출해 내기 위해 하나의 가설적 계약 상황인, 소위 '원초적 입장'(original position)을 제시하고 있다.[120] 여기에서 자신의 이익에 관심을 갖는 자유롭고 합리적 인간들은 성별, 인종, 지능, 특별한 재능, 약점 등과 같은 자신에 관한 특정한 사실에 대해 알지 못하는, 즉 '무지의 베일'에 가려진 상태에서 그들의 미래에 대한 협력을 위한 원리를 선택하게 된다. 이에 따라 비형식화된 자기 이익에 근거하여 선택할 수 없게 된다. 동시에, 공동체는 인간 사회에 관한 일반적인 사실과 사회 조직, 도덕 심리학의 이론들과 같은 그들의 선택과 관련된 일반적인 모든 정보를 받아들인다. 이러한 입장에 따라 논증은 다음과 같이 전개되는데, 즉 공동체는 공평하고 도덕적으로 올바른 해결책에 이르게 된다는 것이다. 원초적 입장은 공정한 상황에 대한 전형적인 사례에 속한다. 비록 롤즈가 사회정의론을 목적으로 삼기는 했지만, '원초적 입장'과 같은 공정성 조건이 일반적으로 도덕적으로 옳은 것을 규정해 주는 규범을 위한 출발점이 될 수 있다는 것에 착안한 것이다.[121]

이와 같이 공정으로서의 정의관을 전개함에 있어 핵심적인 과제 가운데 하나는, 원초적 입장에서 어떤 정의의 원칙들이 채택될 것인가를 결정하는 일이다. 이익의 분배는 가장 곤란한 처지에 있는 사람을 포함해서 그 사회에 가담하는 모든 사람의 협력을 이끌어 내도록 이루어져야만 공정으로서 제 역할을 하는 것이다. 우리는 부와 권력의 올바른 분배가 무엇인지에 대해서는 그만한 확신을 가지고 있지 못하다. 왜냐하면, 우리의 신념에 부합하고 필요한 경우 지침을 제시할 수 있는 능력이 있는가에 따라 그 상황에 대한 다양한 해석이 가능하기 때문이다.

공정한 분배를 위한 규범은 지침의 성격을 지녀야만 한다. 앞에서 정식화한 결과주의와 비결과주의의 일반적 규범들이 상호 보완적이며 그리고 모두 도덕적 합리성을 근간으로 한다. 자연적 의무와 특정한 실천과 연관된 특수한 책무 둘 다 모두 다룰 필요가 있다. 책무(obligation)는 다른 책무와 충돌할 수 있으며, 자연적 의무는 다른 자연적 의무와 충돌할 수도 있다. 결과주의와 비결과주의 간에 있을 수 있는 충돌에 대한 논의에서와같이, 각각의 주장을 주의 깊게 저울질해보아야 하며, 계약론적 메타 규범에 따라서 '비강제적인 정보에 근거한 일반적 합의의 기초로서 합당하게 거부될 수 없는' 해결책을 찾아야 한다. 그와 같은 절차를 따져보는 작업은 그 성격상 실천적 추론에 따른 것이다.[122]

3. 공정성의 조건으로서의 평등과 자유

롤즈는 공정성을 두 가지 측면에서 해석하는 것으로 보인다. 첫째, 공정성은 옳음에 대한 규범들을 정당화시키기 위해 충족되어야 하는 조건들로 특징지어진다. 이것은 비강제적이고 정보에 근거한 일반적 합의를 위한 기초로서 누구도 합당하게 거부할 수 없는 해결책을 규정하고 있다. 둘째로 롤즈는 공정성을 보다 특수한 규범으로 이해하는데, 즉 "다수의 사람이 어떤 규칙에 따라 상호 이익이 되는 협동 체제에 가담하고, 따라서 그들의 자유를 자발적으로 제한할 경우, 이러한 제한에 복종하는 자들은 이로 인해 이득을 보는 사람들 쪽에 대해서도 유사한 동의를 요구할 권리를 갖는다."는 것이다.[123] 말하자면, 한 인간이 그의 공정한 몫을 행하지 않고 타인들의 협동적인 노력으로부터 이득을 보는 것은 잘못이라는 것이다. 롤즈에 따르면, 공정성은 규칙-지배적인 실천(rule-governed practice)에 자발적으로 참여함으로써 발생하는 우선적인 책무를 구성한다.

공정성에 대한 이러한 해석은 도덕적 비결과주의에 기반하고 있다. 이것은 이성에 기초하여 자발적으로 선택하는 잠재성을 지닌 도덕적 행위자로서의 인간을 존중하는 의무론적 견해에 기반하고 있다. 그렇지만 공정성에 대한 의무가 무조건적으로 발생하는 것은 아니다. 충족되어야 할 첫 번째 조건은 우리가 자발적으로 참여해야 한다는 것이다. 여기에서 참여라고 하는 것은 어떠한 형태가 되었건 외부의 강제력 없이 선택했다는 것을 의미한다. 나아가, 인간 간의 상호 소통을 위해서는 타당한 일반적인 도덕규범 혹은 '자연적 의무들'이 존재해야 한다. 이들 중 하나가 정의를 지탱하는 것이다. 만약 이익과 부담이 임의적이고 자의적인 방식으로 분배된다면, 우리의 공정한 몫이 무엇인지에 대해, 그리고 우리 각자가 서로 협력함에 있어기여하거나 받아야 할 것이 무엇인지에 대해 불분명한 규정이 되고말 것이다. 정당하지 못한 행위는 도덕적 존재로서의 인격체라는 개념을 결코 반영해내지 못한다. 왜냐하면, 공정성이라는 개념 그 자체가 훼손되고 말기 때문이다.

공정성이 제대로 작동되기 위해서는 평등[124]이 완벽하게 구현되어야 할 것이다. 하지만 현실적으로 어떠한가? 우선 롤즈가 제시하고 있는 정의의 원칙, 즉 "(원칙이) 평등한 경우는 적절하게 평등하게 대우받아야 하며, 불평등한 경우는 적절하게 불평등하게 대우받을 수 있으며, 불평등한 대우는 두 경우 사이의 실질적 불평등에 따라 합당하게 이루어져야 한다."를 어떻게 이해할 수 있는지에 대해 생각해 보자. 이러한 규범은 분배적 정의(distributive justice)를 구체화하기 위한 기본적인 구조를 제공하고 있다. 무엇을 평등한 것으로 여길 수 있는지, 그리고 불평등하다고 했을 때 그것을 불평등하게 여길만한 것이 무엇인지에 대한 실질적인 기준은 각각의 개별적인 관행이나 제도에 따른 다양한 목적의 견지에서 정식화될 수 있을 것이다.[125]

예를 들어 재화가 다수의 사람에게 분배되는 상황을 생각해 보자.[126] 우선 전적으로 평등주의적인 규범을 들 수 있다. 이 경우 여기에 속해 있는 모든 사람에게 똑같이 그 양이 배분될 것이다. 둘째, 능력에 따라 배분되는 경우를 생각할 수 있는데, 이 경우 각자 객관적인 수행 정도에 따라 서로 다르게 배분될 것이다. 세 번째 대안은 자신의 노력에 근거해서 재화를 배분하는 것이다. 여기에서는 최선을 다하려는 의지를 보여주는 사람이야말로 객관적인 수행에 상관없이 더 많은 양이 배분될 것이다. 네 번째로 이익과 부담은 필요에 따라, 특정한 단체나 집단에서의 지위에 따라, 혹은 법적 권리에 따라 각기 달리 배분될 수도 있을 것이다. 실제 생활에서는 이러한 규범들이 서로 결합되어 있다. 평등은 규칙의 공평한 적용을 의미하며, 유사한 경우는 유사하게 처리한다는 것과 같은 입장에 따라 규칙을 일관성 있게 해석할 수 있다.

'평등한 자유의 원칙'[127]에 따른 적용은 차등의 영향을 받지 않는다. 기본권과 자유가 능력에 따라 달라져야 한다고 생각할 수도 있겠지만, 공정으로서의 정의는 이를 거부하고 있다. 즉 최소한의 도덕적 인격만 충족되면 사람은 '정의'에 대한 모든 보장을 받을 수 있다.

정의는 평등한 양심의 자유에 대한 강력한 논거를 제시하고 있다. 이러한 논증이 적절한 방식으로 일반화되면 평등한 자유의 원칙도 뒷받침해줄 수 있다. 정의의 원칙에 따른다면 국가는 평등한 시민들에 의해 구성되는 단체로서 이해되어야 한다. 나아가 양심의 자유가 제한되어야 할 경우는 그렇지 않을 경우보다 정부가 유지해야 할 공공질서를 해치게 되리라는 합리적인 예상이 있을 경우에 한해서이다. 이처럼 모든 사람에 의해 확인되고 알려질 수 있는 것에 의거한다는 것은 그 자체가 정의의 원칙에 입각한 것이다. 보다 완전하게 충족시킬 때, 그것은 다른 법질서보다 더 정의롭게 운용된다고 말할 수 있다. 정의가 갖는 약점은 두 가지로 볼 수 있다. 즉, 모든 불평등은 최소 수혜자에 대해 정당화되어야 한다는 요구 사항과 자유의 우선성이 그것이다. 이러한 두 가지 제약으로 인해서 그 입장은 직관주의나 목적론과도 구별된다.

4. 공정한 부의 분배를 위한 규범들

사회체제에서 결과적으로 일어나는 분배는 그 절차와 함께 정의로운 것이 될 수 있도록 기획되어야만 한다. 이러한 목적 달성을 위해, 우선적으로 요구되는 것은 공정한 분배의 몫을 행하지 않은 상황에서 타인들의 협동적인 노력과 별도로 이득을 보는 것은 잘못이라는 것이다. 롤즈에 따르면, 공정성은 규칙-지배적인 실천(rule-governed practice)에 자발적으로 참여함으로써 발생하는 우선적인 책무를 구성한다. '완전한 절차적 정의(perfect procedural justice)', '불완전한(imperfect) 절차적 정의' 그리고 '순수(pure) 절차적 정의'로 구분할 수 있다.[128]

'완전한 절차적 정의'는 주어진 분배적 규범이 예외 없이 완전한 범위에서 실현된다는 것을 보장하는 절차이다. 예를 들어, 다수의 사람에게 파이를 공정한 방식으로 배분하는 경우를 생각해 볼 수 있다. 물론 그들 모두는 파이에 대해 똑같이 강한 욕구를 지니고 있다. 그렇다면 그 해결책으로는 이들 중 한 사람이 파이를 자르도록 하고, 다른 사람들이 자르는 사람보다 먼저 파이를 고르도록 한 후, 파이를 자른 사람이 마지막 조각을 가져가게 하는 것이다. 그럴 경우 파이를 자르는 사람이 취해야 할 최선의 전략은 그 파이를 정확히 균등하게 자르는 것이 될 것이다.[129]

'불완전한 절차적 정의'는 비록 결과에 대한 독립적인 기준이 있다 하더라도 그것을 보장할 수 있는 확정된 절차가 존재하지 않는다는 점이다. 노르웨이의 '누진 과세 체계'가 좋은 사례인데, 그 의도는 각자 혹은 각 가정이 능력에 따라 세금을 내게 하는 것이다. 재산을 가장 많이 가진 자가 가장 많은 세금을 내고, 재산을 적게 가진 자는 적은 세금을 내게 된다. 그러나 이것은 이상일 따름이지 현실적으로 실현해 낸다는 것이 그리 쉬운 일이 아니다. 사람들이 정말로 필요로 하는 것이 무엇인지, 그리고 그들이 공동체에 얼마나 많이 공헌해야 만 하는지 등에 대해 정확하게 측정해 내는 것 모두 문제가 될 수밖에 없다.[130]

'순수 절차적 정의'는 공정한 분배를 정의하는 어떤 독립적인 기준이나 분배적 규범도 결코 존재하지 않는다는 특징을 갖는다. 절차그 자체만이 공정한 산출을 보장할 따름이다. 그 전형적인 사례로 들수 있는 것이 복권이다. 참가자들이 자발적으로 참여한다는 조건 하에 그들 모두가 임의적인 제비뽑기(random lot)에 의해 당첨금이 분배된다는 것을 받아들이고 또한 이를 인정한다면, 그 결과는 누가 당첨되는가와 상관없이 정당한 것이다.[131]

[표] 정의 규범과 절차들에 대한 개관

	분배적 정의를 위한 국소적 규범들	절차들
정의에 대한 형식적 규범	평등주의적 능력주의적 노력에 따라 필요에 따라 지위 혹은 법적 권리에 따라 위의 규범들의 조합	완전한 불완전한
	순수 절차적 정의	

위 〔표〕를 왼쪽에서 오른쪽으로 읽으면 귀결 관계를 알 수 있다. 정의의 일반적인 형식적 규범, 즉 "평등한 경우는 적절하게 평등하게 대우받아야 하며, 불평등한 경우는 적절하게 불평등하게 대우받을 수 있으며, 불평등한 대우는 두 경우 사이의 실질적 불평등에 따라 합당하게 이루어져야 한다."가 그 출발점을 이룬다. 분배와 관련한 사회적 구조와 다양한 목적, 그 전통과 사회적 역할, 그리고 구성원들 간에서 발견될 수 있는 다양한 종류의 에토스(ethos) 등을 전제로 하여, 이러한 규범에 의해 설정된 필요조건을 충족시킬 수 있는 해결책을 모색할 필요가 있다.[132]

지금까지의 논의를 토대로 이를 스포츠 경기에 적용하여 그 실천적 근거를 마련할 필요가 있다. 롤즈는 공정성의 개념을 구체화하기 위해 다음과 같이 명시적으로 스포츠 게임(game)과 관련지어 "우리는 약속에 따라 그리고 묵시적인 이해에 따라 책임과 의무를 갖게 되고, 심지어 게임에 참가할 때조차 규칙에 따라 경기해야 하고 이상적인 경기가 되어야 하는 책무를 갖게 된다."라고 언급하고 있다. 우리가 스포츠에 자발적으로 참가하기로 선택한다는 것은 다양한 종류의 의도적 목적들에 기초하고 있다. 목적의 실현을 위해서는 다른 경쟁자들과의 협동에 의존한다. 모든 경쟁자가 이러한 목적을 실현하고자 한다면 이를 수행하기 위한 공유된 에토스를 준수하지 않으면 안 된다. 그래서 상호 협동을 통해 의도적 목적의 실현이 가능한 것과 마찬가지로 어떤 경쟁자에게도 이것이 적용되는 것은 지극히 당연해 보인다. 따라서 공정성에 대한 규범은 "스포츠 경기에 자발적으로 참여한 당사자들이 이 경기의 공유된 에토스가 정당하다면 이 에토스에 따라서 행동해야 한다."와 같이 정식화할 수 있을 것이다.[133]

이를 부의 분배에 적용할 경우 "공정한 부의 분배는 한 사회에서 자발적으로 경제적 활동에 참여한 각 개개인은 부의 분배가 공정하게 이루어질 수 있도록 공유된 에토스가 정당할 경우 이 에토스에 따라 행동하는 오직 그 경우에 따른다."고 정리할 수 있을 것이다.

여기에서 공유된 에토스란 다음 두 가지 조건을 충족시키는 경우에 한해 공유된다. 첫째, 기본 규칙이 이해될 수 있는 방법에 대해서 관련 당사자들 간에 상호 어느 정도의 공통된 지식이 존재해야만 한다. 예를 들어 테니스를 치기 위해, 두 선수는 경기에 도움이 되는 수단, 점수의 획득, 게임 진행, 세트 그리고 최종적인 조율을 위한 해석에 관해 합의에 도달해야만 한다. 축구 경기를 하기 위해서는 모든 선수가 득점을 한다는 것이 의미하는 것 그리고 공에 손을 대는 것은 금지되어 있다는 것에 합의해야만 한다. 둘째로, 경쟁자들은 기본 규칙에 대한 그들의 공통된 지식을 서로 인정해야 하고 이에 따라 행동해야만 한다. 이것은 그들 상호 간의 의사소통을 요구한다. 각 경쟁자는 규칙 해석을 위해서는 어떤 규범을 승인한다는 것을 상대방이 확인할 수 있는 말과 행동으로 보여주어야만 한다. 그렇게 되면 모든 경쟁자는 각 경쟁자가 그들 역시 받아들이고 있는 규칙에 대한 어떤 해석을 받아들이고 있다는 것을 인정할 수 있다. 그리고 각 경쟁자는 그 자신의 입장에서 이를 받아들이고 있다는 것을 알 수 있게 된다.[134]

12장 정신과 육체는 어떠한 관계에 있는가

이재덕

1. 정신적 존재로서의 인간

동서고금을 막론하고 인간을 이 우주에서 가장 특별한 존재라고 생각하는 경향이 있다. 그 이유는 우선 '인간은 만물의 영장'이라는 말 속에서도 찾아볼 수 있듯이 우주에 있는 모든 것을 우열에 따라 순서대로 나열할 수 있다는 생각을 반영하는 것으로 보인다. 보다 정확하게는 지구상의 모든 생명체 역시 우열에 따라 서로 구분된다는 점에서 특권적 지위를 갖는 인간과 그렇지 못한 동물과 확연히 구분된다는 생각에서 비롯된다.

먼저 인간은 무생물이 가지고 있지 않은 생명을 지니고 있을 뿐만 아니라, 여타의 동물과 달리 인간은 자각을 하는 것은 물론 '사유'라는 정신적 활동 능력을 가지고 있다. 사유를 함으로써 인간은 우주와 그 속에 존재하는 인간을 포함한 모든 대상 세계에 대한 지식을 확보할 수 있다. 그래서 사유능력은 인간만이 고유하게 지니고 있는 '정신'에서 비롯된 것이라고 여겨왔다. 동물은 본능적인 지각과 그에 따른 육체적인 반응은 할 수 있지만, 사유할 수 있는 능력은 없다. 그런 의미에서 육체를 지닌 인간은 물리적 과정을 수행하는 동시에 정신을 지닌 존재로서 사유하는 기능 또한 수행할 수 있다. 이러한 견해를 '심신이원론'(mind-body dualism)이라고 한다.

이 주장이 선호되는 가장 큰 이유 가운데 하나는 인간의 영원한 염원인 죽음을 극복하는 문제와 관련이 있다. 왜냐하면, 비록 육신은 사라진다고 하더라도 정신은 영원할 수 있다는 우리의 희망을 반영하고 있기 때문이다. 그런 점에서 플라톤은 영혼이 나와 동일하기는 하지만 본래적으로 나를 이루는 또 다른 요소인 육체와는 다른 영역에 존재한다고 생각했다. 또한, 현세에서의 인간의 모습에 대해 플라톤은 영혼이 육체라는 감옥에 갇혀 있는 상태에 비유하고 있다.[135]

데카르트에 따르면 공간상에 일정한 부분을 차지하는 물리적인 사물에 대해 '연장(延長)적'인 특성으로 표현하고, 연장성과는 전혀 다른 성질인 느낌이나 감정 등 눈에 경험할 수 없는 것들에 대해 '사유(思惟)적' 특성으로 표현하면서 이 우주상에 인간만이 유일하게 이러한 두 가지 특성을 갖는 존재라는 것이다. 그러나 심신이원론이 상식적으로는 매우 그럴 듯해 보이지만, 이러한 데카르트의 심신이원론 역시 물리적 세계의 인과적 폐쇄성의 원칙에 위배되는 등의 비판에 직면하게 되는 비판이 얼마든지 제기될 수 있다. 본 논의에서는 이러한 문제를 포함하여 심신문제(mind-body problem)에 대한 다각적인 성찰을 통해 인간에 대한 이해는 물론 인간과 세계의 관계에 대해 살펴보고자 한다. 이 글의 목적 또한 심신문제에 대한 인문학적 접근을 통해 인간에 대한 이해를 확장시키는 데 있다.

2. 심신이원론의 여러 유형과 그 문제점

플라톤은 인간의 정신과 육체가 물리적으로는 분리시킬 수 없고 죽음에 의해서만 자연스럽게 분리되는 기묘한 결합을 이루고 있다고 하면서 그 양자의 이질성을 강조하였다. 데카르트는 자신의 사유적인 속성(property)을 지닌 정신과 연장적인 속성을 지닌 육체를 전혀 다른 독립된 실체로 생각한 전형적인 이원론자이지만, 양자 간에 밀접한 관계가 있다는 사실만큼은 충분히 인식하고 있었다. 그는 정신과 육체는 전혀 다른 속성을 갖는 독립적인 실체임에도 불구하고 서로 인과적인 영향을 주고받음이 틀림없다고 생각했다.[136] 예를 들어, 손바닥을 바늘로 찔리는 것과 같은 물리적 사건이 일어나면 우리는 그 결과로 통증을 느끼게 되는데, 통증을 느끼는 것은 정신적 사건에 해당한다. 이것은 물리적 사건이 정신적인 사건에 영향을 미치는 사례이다. 그러나 반대로 내가 어떤 이유로 슬픔을 느끼는 정신적 사건이 발생하면, 그것이 원인이 되어 눈에서 눈물이 흐르는 물리적 사건으로 귀결하기도 한다. 이러한 관찰을 통해 데카르트는 자연스럽게 정신과 육체 사이에 인과적으로 상호 영향을 주고받는다는 '상호작용론'을 제시하고 있다.

데카르트에 의하면, 물론 정신과 육체는 상호 이질적이기는 하지만 서로 인과적인 영향을 주고받지 않을 만큼 그렇게 이질적이지도 않다는 것이다. 그러나 이러한 데카르트의 생각은 그의 심신 이론의 근간을 흔들 만큼 문제점을 안고 있다는 비판에 직면한다. 그 이유는 심신이원론에 바탕을 둔 상호작용론이 이원론의 배경을 이루고 있는 근대 서양의 과학적 세계상과 충돌하기 때문이다. 데카르트는 인간의 육체를 포함한 물질과 정신이 신과는 독립적인 실체임을 주장한 것으로 유명한데, 그가 신으로부터 물질의 독립성을 주장한 이유는 더 이상 물질의 세계에 신이 개입하는 것을 방지하기 위함이었다. 그렇다면 물질은 신과는 독립적인 실체이기 때문에 신이 물리적 세계에 인과적 영향을 미치지 못한다면, 정신 또한 그렇다고 생각해야 할 것이다. 다시 말해 물질적인 사건이나 현상에는 오직 물질적인 원인만이 존재할 뿐 정신적인 현상이나 사건이 원인으로 작용한다고 생각할 수는 없다. 그래서 데카르트의 이원론에 입각한 심신 상호작용론은 이러한 '물리적 세계의 인과적 폐쇄성 원칙'과 모순이 된다. 왜냐하면, 그의 이론에 따르면 물리적 사건이 정신적 사건에 영향을 미치게 된다는 것을 허용하기 때문이다. 데카르트처럼 정신적인 것과 물리적인 것을 존재론적으로 서로 단절된 것으로 볼 경우, 양자 사이에 인과 관계가 성립한다는 것에 합리적인 설명이 불가능함을 암시

한다.

지금까지 우리는 정신과 물질의 이원론에 입각한 상호작용론이 물리적 세계의 인과적 폐쇄성 원칙에 어긋난다는 점에서 상호 정합적이지 않음을 보았다. 이에 따라 인과적 폐쇄성의 원칙을 고수하는 한, 상호작용론을 포기하든가 혹은 정신과 물질의 이원론을 포기하거나 둘 중 하나를 선택하지 않을 수 없을 것이다. 그럼에도 불구하고 이원론을 포기할 수 없었던 데카르트와 당대의 철학자들은 상호작용론은 거부하되 이원론만큼은 어떻게든 유지하려 했다.

그래서 정신과 육체 사이의 인과적 작용 없이 독립적으로 움직이면서도 완전한 조화 속에서 움직인다는 견해로 선회하여 그 대안을 마련한다. 이러한 견해에 따르면 신이 개입하여 정신적인 사건과 물리적인 사건이 동시에 일어나도록 미리 예정했다는 입장을 견지한다. 그 대표적인 이론으로 심신평행론(parallelism), 혹은 '예정조화설'을 들 수 있다. 하지만 이러한 심신평행론 역시 신과 같은 초월자의 존재를 전제하지 않을 경우 정신적 사건과 물리적 사건 간의 조화에 대해 설명할 길이 없다는 점에서 신을 믿지 않는 사람들에게는 분명한 한계를 지닌다. 이것은 정신과 육체 사이의 인과적인 관계를 부정하면서도 그 둘 사이에 신의 개입을 통해 그 연관성을 확보하려는 것으로 말브랑쉬(N. de Malebranche)가 제안하고 있는 '기회원인론(occasionalism)'의 경우도 마찬가지다. 그에 의하면, 예를 들어 손바닥을 바늘로 찌르면 신이 개입해서 우리로 하여금 통증을 느끼게 만들고 반대로 내가 팔을 들어 올리려고 생각하면 또 신이 개입해서 나의 팔이 올라가도록 만든다는 것이다. 이와 같이 이들의 견해는 정신과 육체 사이의 관계를 모두 신의 섭리로 돌리고 있다는 점에서 분명히 그 한계를 지닌다.

이러한 평행론에 대한 비판을 극복하기 위한 대안으로 부수현상론(epiphenomenalism)이 등장한다. 부수현상론에 따르면 정신은 육체에 직접적으로 영향을 줄 수 없고, 그래서 심적 사건이란 물리적 사건의 단순한 부수현상에 불과하다는 견해이다. 예를 들어 팔을 들어 올리려는 나의 생각이 나의 팔이 올라가도록 만든다는 것은 환상에 불과하다는 것이다. 그래서 모든 정신적인 사건들은 물리적인 사건에 의해 직접적으로 야기되지만, 역으로는 성립되지 않는다. 말하자면 정신적인 사건들은 물리적인 사건들을 야기하지 못한다는 입장이다. 하지만 부수현상론 또한 우리의 상식에 비추어 볼 때 인과 계열에 있어서 정신적 사건에 정당성을 부여하지 못한다는 결함을 안고 있다. 왜냐하면, 만일 부수현상론을 받아들일 경우, 임진왜란이라는 사건이 어디에서 비롯되었는가에 대한 물음에 대해 도요토미 히데요시(豊臣秀吉)의 야욕이라는 심적 사건에서 야기되어 임진왜란이라는 물리적 사건이 발생했다는 우리의 상식을 뒤엎기 때문이다.

3. 심신 일원론의 배경과 유형들

잎 장에서 보았듯이 육체와 정신의 이원론적인 존재론을 받아들인다면 양자 간의 상호 인과관계를 설명하기가 상당히 어려워진다.

또한, 이런 상호관계를 받아들인다면 물리적 세계의 '인과적 폐쇄성의 원칙'과 충돌할 수밖에 없다. 이러한 일련의 비판들을 극복하기 위한 대안의 제시는 결국 이원론을 포기하는 쪽으로 방향을 선회하게 된다.

이에 대해 스피노자(B. Spinoza)는 두 실체가 존재한다는 이원론적 입장을 거부하고 정신적 속성과 육체적 속성이 한 실체에 귀속될 수 있다는 입장을 취한다. 그는 두 속성을 동시에 지닌 실체를 정신이나 물질 어느 하나로 구분 짓는 것에 대해 거부하고, 그 두 속성은 단일한 실체가 지니는 두 측면에 불과할 뿐이라고 하였다. 이 이론을 양면이론(dual-aspect theory)이라고 하는데, 여기에서는 두 속성이 단순한 한 실체의 양 측면(마치 동전의 양면과 같이)이므로 둘 사이에는 양 측면이라는 것 이외에는 그 어떠한 인과관계도 존재하지 않는다. 하지만 이 주장 역시 두 실체가 상호 인과관계가 존재할지도 모른다는 반론을 피하기 어려웠고, 더군다나 그 실체가 중립적인 실체라고 주장했기 때문에, 단일한 실체가 물질이라는 유물론에 비해 정신과 물질의 관계에 대해 설명할 길이 없다는 점에서 이후 유물론, 내지는 물리주의에 의해 그 자리를 내어 주게 된다.

물리주의의 한 형태인 창발론(emergentism)에서는 정신적 실체가 별도로 존재하는 것은 아니며 물리적 상태의 진화 속에서 야기되는 과정에 불과한 것이라고 한다. 창발론자들은 자연계에서 두 물체가 상호 결합하게 되면 거기에서 새로운 성질이 탄생하게 되는데 이러한 성질을 창발적 속성이라고 한다. 예를 들어 수소 원자와 산소

원자가 결합할 경우 물이라는 새로운 물질이 탄생하게 되는데, 여기에는 수소나 산소에는 없는 전혀 새로운 성질을 지닌 물질이 발생하게 된다는 것이다. 그들에 따르면 인간의 정신적(심적) 상태 역시 생리학적인 조직, 세포의 결합에서 나온 창발적인 요소이고(육체적 상태에서의 창발적 상태) 그래서 이 양자의 상관관계에 대해서는 설명할 방법도, 설명할 필요도 없다고 주장한다. 다만, 이러한 현상을 그대로 받아들일 수밖에 없다는 것이다. 하지만 이러한 그들의 주장에 따를 경우 어떠한 결합으로부터 창발적 결과가 나오는지에 대해 전혀 설명할 길이 없으며 또 그럴 필요조차 없다는 의미로도 받아들일 수 있다.

양면 이론 및 창발론자들은 정신과 육체가 확실히 구분되지 않는다고 하면서도 정신적 상태를 물리적인 속성과 구분 짓는 경향이 있다. 하지만 이들은 심신이원론과는 달리 정신과 물질의 상호인과적인 특성을 받아들여 물리세계의 인과적 폐쇄성원칙을 무너뜨리는 것이 아니라, 상호 인과적 작용의 가능성과 인과적 폐쇄성을 충실히 받아들이기 위해서는 정신적 특성을 물리적 특성에 의거해서 설명해야 한다는 입장으로 이해할 수 있다.

이러한 흐름 속에서 논리 실증주의(logic-positivism)를 표방한 일군의 철학자들은 정신의 존재를 부정하는 유물론적 입장을 취하게 된다. 이들은 사적이고 주관적인 정신 활동을 가리키는 정신적 용어도 실제로 관찰 가능한 객관적이고 물리적인 용어로 교체할 수 있다고 보았는데 이들의 견해를 행동주의(behaviorism)라고 한다. 그 대표적 인물인 카르납(R. Carnap)에 따르면 '짜증이 난다', '기분이 나쁘다' 같은 심적 표현이란 정신적 경험에서 나온 것이 아니라 특정한 상황에 따른 실제적인 행위로써 그 사람이 행하는 행동에 대한 서술이라고 주장한다. 말하자면 '짜증이 난다'라는 표현은 짜증 날 때 드러나는 얼굴의 찡그림이나 소리를 지르는 등의 일련의 행동을 가리킨다고 한다. 사실 기존 정신과 육체에 관한 철학적 문제들이 이러한 언어적 혼란에서 기인했다는 것이다. 즉, 카르납에 따르면 심적 표현이 별도의 정신적 과정에서 비롯된 것이 아니라 단순히 행동 그 자체를 지칭하는 것인데 특정한 심적 상태에서 발생한 것이라는 데에서 오는 오류라고 지적하고 있다. 그러한 혼란은 우리의 언어를 주의 깊게 살펴보면 대체로 제거할 수 있다는 것이다.

길버트 라일(Gilbert Ryle) 역시 위와 같이 심신이원론이나 이와 연관된 이론은 모두 언어의 남용으로 인한 오해이며, 이는 감정적인 언어를 면밀하게 조사하면 해소된다고 주장하고 있다. 예를 들어 데카르트의 기계속의 영혼 이론과 같은 이론에 대해 그는 독단적인 주장이라고 규정하고, 육체와 정신의 과정이 동시에 발생하는 것이 아니라 실은 이 양자는 언어적으로 아예 다른 범주에 속한다고 보았다. 정신과 육체가 매우 이질적임에도 데카르트는 이 둘을 같은 부류로 착각해 상호 연역적으로 결합시킴으로서 범주의 오류를 범하는 이상한 이론을 만들어 냈다는 것이다. 즉 그는 '기억한다'와 같은 단어는 단순한 신체의 물리적 과정 이외에 비물리적인 정신적 과정으로 연결하면 안 되고, 그것은 오직 일정한 방식으로 행동하는 성향일 뿐이라는 것이다.

하지만 이들은 결국 정신적 표현이 어떠한 구체적인 성향을 나타내는지 규정하기 쉽지 않으며, 정신적 표현을 물리적 용어에 의거하여 다시 정의한다고 해도 결국 심적 현상이나 과정을 물리적인 현상으로 환원시킬 수 없다는 반론에 직면하게 된다. 이로써 행동주의는 정신적 용어의 번역은 불가능하며 가능하다고 해도 그들이 생각하는 대로는 이루어지지 않는 결과로 귀착된다.

4. 동일론과 기능주의

행동주의는 하나의 정신적 현상을 물리적인 용어만을 사용해서 하나의 문장으로 번역될 수 있다고 믿었다. 예를 들어 누군가가 짜증났다고 했을 때 이러한 정신적 현상은 인상 찌푸리기, 한숨 쉬기, 소리 지르기 등으로 정의될 수 있다는 것이다. 하지만 행동주의가 실패하게 된 이유는 인상 찌푸리기, 한숨 쉬기, 또는 소리 지르기가 꼭 '짜증이 났다'는(심적) 상태만을 나타내는 것이 아닐 수 있기 때문이다. 말하자면 정신적인 상태를 나타내는 용어가 등장할 때 그것이 구체적으로 어떠한 행동을 가리키는 표현인지에 대한 완벽한 번역이 불가능하기 때문이다. 즉 행동주의는 정신적인 상태를 나타내는 용어들의 번역이 사실상 불가능하고 비록 번역이 가능하다고 하더라도 항상 의도된 결과를 가져다주지 않았다는 점에서 실패한 이론으로 평가할 수 있다.

이에 비해 심신동일론(identity theory)은 정신적 현상이나 과정은 신경 조직의 상태나 과정, 두뇌 과정과 동일하다고 여기는 입장이다. 이른바 통증은 두뇌의 섬유작용에 따르는 일련의 과정인 것이다. 이 경우 심신관계는 곧 모든 정신적 사건이 생리적 사건 사이에서 성립된다는 것을 의미하는 것으로, 이러한 관계는 하나의 유기체에 섬유 조직의 작용이 발생하는 경우에 한해 그 유기체는 통증을 느낀다는 것이다.

그렇지만 심적 과정과 물리적 과정은 동일한 대상을 가리키는 단어이기는 하지만, 그것이 적용되는 상황에 따라 낱말의 의미가 반드시 일치된다고 보기도 어렵다. 말하자면 모든 정신적 과정은 물리적 과정으로 환원되기 때문에 상호 일치된다고 보는 심신동일론의 문제점은 물리적 사건이 모든 정신적 사건과 반드시 일치하지는 않는다는 점이다. 예를 들어 정신적 사건이 발생한 시점을 감지할 수는 있지만, 그 사건이 발생한 지점(장소)이 어디인지에 대해 안다는 것은 매우 어려운 문제이다. 또한, 인간과 물리 화학적 구조에 있어서 다른 존재들도 통증과 같은 다양한 정신적 상태에 있을 수 있지만, 그때 발생하는 생리적 사건과 반드시 일치하지 않을 수 있다는 문제점 또한 동시에 안고 있다.

그 대안으로 제시된 기능주의는 정신적 상태와 유기체의 기능적 상태가 같다고 여기는 입장이다. 퍼트남(H. Putnam)이 생각하는 기능적 상태는 한 개체에 어떤 것이 '입력'되었을 때, 그 개체가 어떤 것을 '출력' 시키는가에 따른 것으로 정의하고 있다. 하나의 기능적 상태는 여러 서로 다른 형태로 출력될 수 있다. 즉, 하나의 기능적 상태(=정신적 상태)가 오직 하나의 하드웨어적 상태로 표현될 필요는 없다는 것이다.

튜링(A. M. Turing)은 기능주의에 대한 이론적 근거를 제공하고 있다. 그는 두 가지 전제를 갖고 인간과 같은 정신적 상태를 갖는 기계를 만들 수 있다고 주장한다. 첫 번째 전제는 이러한 기계가 가능하다는 것이고 두 번째 전제는 인간과 동일한 기능을 하는 것이면 무엇이든 인간과 같은 정신적 능력을 지닌 것으로 간주할 수 있다는 것이다. 동일한 질문을 인간과 기계에 던졌을 때 답변이 동일하다면 그 기계는 인간과 같은 정신적 능력을 갖추었다고 보아야 한다는 것이다. 물론 이에 대한 반론 역시 만만치 않다. 말하자면 인간의 정신적 상태를 단순하게 입력과 출력에 의해 정의할 수는 없다는 것이다. 왜냐하면, 고도로 발달된 기계(컴퓨터)에 의해 영어를 한국어로 번역할 수 있는 기능이 아무리 발전된다고 해도 한국어를 이해하는 정신적 상태에 있다고 볼 수는 없기 때문이라는 것이다. 말하자면 인간은 기계와 달리 의미를 표상해 낸다는 점에서 결코 동일할 수 없다는 논점을 반영한다. 이른바 인간은 행위의 지향성(intention)을 갖는 반면 기계는 그렇지 못하기 때문이다.

육체는 물질의 일종으로 여길 수 있지만, 정신은 그렇지 않다는 것은 매우 자연스럽다. 그래서 전통적으로 정신과 육체를 상호 독립적인 존재로 여겨 온 것이다. 여전히 이원론을 떨쳐낼 수 없는 이유 또한 우리가 일상적으로 정신과 육체의 상호작용에 대해 직관적으로 파악할 수 있다는 우리의 상식에 근거를 두고 있다. 그럼에도 우리의 소박한 믿음을 통해 정신적 실체를 받아들이고 믿는 것 역시 정당화될 수는 없다. 이러한 점들이 심신문제에서 논쟁점을 이루어 온 것이 사실이라는 측면에서 양자의 관계에 대한 수많은 논의가 여전히 우리의 관심을 끌고 있는지도 모른다.

13장 인간은 과연 기계일 수 있는가

—心身관계에 대한 철학적 해명

이승재

1. 정신과 육체의 관계

"인간은 과연 기계일 수 있는가?"라는 물음은 인간이 지구상에 특별한 존재가 아닐 가능성에 관한 물음이다. 여기에서 특별한 존재라 함은 육체 이외에 인간만이 유일하게 지니는 정신을 소유한 존재라는 것을 의미한다. 그런데 인간이 육체와 더불어 정신을 소유한 존재라는 명제에 대해 회의적인 입장을 취할 경우, 이 세상에는 오직 물리적 실체만이 존재한다는 견해를 반영한다는 점에서 인간은 특별한 존재일 수 없고, 따라서 인간은 기계(물질)일 수 있다는 논제는 성립한다.

20세기 들어 이러한 견해는 물리주의라는 이름으로 지배적인 견해로 서서히 자리 잡기 시작한다. 그 대표적인 사례로 인공지능을 꼽을 수 있다. 물론 인공지능이 성립할 수 있는 이론적 토대는 물리주의 이론들, 즉 심신동일론과 기능주의 등을 근간으로 한다. 물론 그 정당성 여부에 대해서는 심신이원론에 맞서 어떻게 견고한 이론으로 자리매김을 하느냐의 여부에 달려 있다.

정신과 육체에 관한 문제는 철학에 대해 심도 깊게 고민하기 시작했던 고대 그리스 시대 이후로부터 현대 철학에 이르기까지 지속으로 논의되어 오고 있다. 인간의 본성에 대해 의문을 품기 시작하면서 제기된 심신문제는 고대의 플라톤으로부터 시작하여 근대의 데카르트와 라이프니츠(Leibniz, Gottfried Wilhelm) 등에 이르기까지 철학자들 사이에서 수많은 논쟁을 거듭하면서 풍부한 논의로 발전해 온 것이 사실이다. 서로 다른 이론들이 한 시대의 철학을 풍미하기도 했고 일반인들의 형이상학적 고민에 대해 그 답변을 제공해 온 것이다. 그러한 과정에서 정신과 육체에 관한 이론들이 우리의 상식에서 서서히 벗어나 여타 학문과의 흐름과도 보조를 맞추기 시작했다. 그 과정에서 20세기 들어 고대로부터 지속적으로 이어져 왔던 이원론이 그 힘을 잃기 시작하고 이원론의 대안들이 떠오르기 시작하게 된다.

그 대표적인 사례로 행태주의를 들 수 있는데, 이 견해는 이원론에 대한 반발에서 나타난 이론으로 제2차 세계대전 이후의 철학에서 주류로 자리를 잡았던 이론이다. 당시 이 이론은 마치 이원론의 유일한 대안처럼 여겨지기도 했다. 하지만 행태주의도 곧 한계를 맞이하게 된다. 행태주의의 분명한 한계에 부딪힌 철학자들은 이 이론을 계속 연구할 것인가 다시 이원론으로 회귀할 것인가를 두고 큰 고민에 빠진다. 1950년대 초에 철학의 근간을 뒤흔들 세 가지 이론, 즉 동일론과 기능주의 그리고 제거적 유물론이 등장하기 전까지 말이다. 새로 등장한 세 이론은 행태주의와 같은 한계에 부딪히지 않으면서도 이전까지의 이원론을 대신할 가능성이 충분해 보였다.

이 글의 목적은 과연 인간이 기계일 수 있는지에 대한 가능성을 둘러싸고 벌어지는 논쟁에 초점을 맞추어 관련된 심리철학의 이론들, 특히 심신동일론과 기능주의에서 제시하고 있는 물리주의적 견해와 그 반론에 대해 비판적으로 검토하고, 나아가 그 전망에 대해 살펴보는 데 있다. 이를 위해 논쟁을 둘러싸고 벌어지는 다양한 관점의 타당성에 대한 평가는 필수적이다.

2. 인간이 기계일 수 있는 이유와 그 반론

환원적 유물론이라고도 하는 심신동일론의 핵심적인 주장은 매우 간단하다. 우리의 심리상태는 곧 우리의 물리적인 상태와 동일하다는 것이다. 말하자면 우리의 심리상태는 두뇌라던가 신경과 같은 물리적 상태와 수적으로 동일하며 모든 심리적 상태를 물리적 상태로 설명할 수 있다는 점에서 그 환원이 가능하다는 입장을 취한다. 그들에 따르면 아직까지 그 증거가 확실치는 않지만, 심적 상태와 물리적 상태의 동일성이 과학의 진보와 함께 반드시 밝혀질 것이라고 여긴다.

이들은 그 사례로 물(水)을 들고 있는데, 지금까지 투명한 액체로서의 물을 그 본질로 여겨왔지만, 과학이 발달하면서 물이 수소(H_2)와 산소(O)로 이루어졌다는 사실이 밝혀지면서 그러한 믿음을 버려야만 했다. 또 다른 사례로 빛을 들 수 있는데, 과학은 색깔의 본질이 서로 다른 형태로 흔들리는 파장에 있다는 사실을 밝혀낸다. 말하자면 빨간색과 보라색의 차이를 파장의 길이로 설명하는 데 성공한 것이다. 현대를 살아가는 우리는 이 사실을 잘 알고 있으며 이를 이용해 다양한 기계들을 만들어내기까지 한다. 동일론자들은 우리의 심리상태 역시 이와 다를 바가 없다고 생각한다. 위의 두 경우와 같은 방식으로 과학이 사람들의 심리상태가 두뇌상태와 동일하다는 것을 입증시켜 줄 것이라는 견해를 반영한다.

동일론자들은 심신동일론이 성립하기 위한 조건, 즉 일대일 환원이 얼마든지 가능하다고 여긴다. 그들에 따르면 과학이 심리상태의 용어들, 즉 '차갑다', '뜨겁다', '즐겁다', '슬프다' 등과 같은 단어들을 대체할 무언가를 발견해 줄 것에 대해 의심하지 않는다. 그렇기 때문에 심리상태와 두뇌상태가 같은 것이라고 주장하는 것이다. 동일론자들은 신경과학이 동일성의 증거를 발견할 것이라는 주장에 대해 다음 몇 가지 근거를 들어 설명한다. 즉, DNA와 인간의 유전적 기능을 그 사례로 들기도 하고 인간의 모든 행동의 근본적인 원인이 신경활동임을 사례로 들기도 한다. 또한, 사람들의 행동이 신경 활동에 의존한다는 사례를 들기도 한다. 물론 각기 다른 사례 같지만, 인간의 행동과 그 원인에 대한 정확한 설명은 언젠가 신경과학 혹은 뇌과학이 제공하리라는 결론을 내리고 있는 셈이다. 하지만 이 논증들은 동일론을 받아들이지 않는 사람들에게 그 정당성을 입증할 수 있는 결정적인 근거가 될 수 없음은 다음에 제기되는 반론에서 비롯된다. 또한, 이러한 반론에 대해 어떻게 응수하느냐에 따라 동일론의 근간이 유지될 수 있느냐의 여부가 결정될 것이다.

우선 심신동일론에 대한 일차적인 반론은 내성(introspection)에 관한 것이다. 동일론에 반대하는 철학자들은 우리의 생각과 감각 그리고 감정은 전기 화학적 작용이 아니라 내성 혹은 반성의 영역에 속해 있다고 주장한다. 그들은 '물'과 'H₂O'의 속성은 같고 빛과 스펙트럼의 속성은 같지만, 인간의 정신작용과 두뇌작용의 속성은 전적으로 다르다고 주장한다. 정신작용과 두뇌작용은 근본적으로 다르기 때문에 동일한 것일 수 없다는 것이다.

물론 이에 대한 동일론의 응수 또한, 만만치 않다. 동일론을 지지하는 철학자들에 따르면, 심리상태는 두뇌상태와 전적으로 같기 때문에 동일론에 반대하는 철학자들의 주장이 본질적으로 틀렸다는 것이다. 왜냐하면, 동일론 옹호론자들은 두 상태가 달라 보이는 것은 인간의 상상력 혹은 직관력을 바탕으로 두 상태를 이해하려 하기 때문이라는 것이다. 그들은 지금까지 밝혀진 과학의 또 다른 경우들을 그 사례로 제시한다. 동일론자들은 과학의 도움 없이는 사람들이 물이 'H₂O'라는 사실을 절대로 알 수 없다는 점을 상기시킨다. 외관상으로 파악하게 되는 현상에도 불구하고 물의 본성이 밝혀진 것을 사레로 들면서 동일론자들은 상상력과 직관력을 기반으로 한 내성에 관한 논증은 별반 설득력이 없다고 주장한다. 물론 동일론에 대한 반론은 여기서 그치지 않는다.

심신동일론에 대한 또 다른 반론에 따르면, 동일론이 '범주(範疇)의 오류'를 범하고 있다고 주장한다. 이들은 심리상태와 두뇌상태를 동일시하는 것은 전적으로 개념적 혼란에서 비롯된 것이라고 주장한다. 이들은 라이프니츠 법칙을 사례로 들어 심적 상태와 물리적 상태가 다른 범주에 속해 있다는 사실을 입증시키려 한다. 라이프니츠의 법칙에 따르면 두 대상 가운데 어느 하나가 가지고 있는 모든 속성은 다른 하나 역시 모두 가지고 있을 경우, 그리고 오직 그 경우에 한해 두 대상은 수적으로 동일하다는 법칙으로, 간단히 말해 같다고 생각되는 두 종류의 대상이 서로 같지 않은 특징을 가지고 있다면 같지 않다는 것을 의미한다. 예를 들어 까마귀는 조류이고 까치 역시 조류인데, 까마귀가 까만색인 것과 마찬가지로 까치 역시 까만색이다. 여기까지는 까마귀가 가진 속성을 까치가 가지고 있기 때문에 라이프니츠의 법칙을 따라 까마귀는 까치와 같은 동물로 분류된다. 하지만 까치는 날개에 하얀 부분을 가지고 있지만, 까마귀는 가지고 있지 않다. 따라서 까치의 속성을 까마귀가 가지고 있지 않기 때문에 라이프니츠의 법칙에 따라 까치와 까마귀는 같은 새가 아니라는 결론이 나온다. 그래서 동일론에 대해 비판하는 철학자들은 라이프니츠의 법칙을 사례로 들어 동일론을 공격하게 된다.

동일론에 반대하는 철학자들은 라이프니츠의 법칙을 적용하기 위한 대상으로 공간적 속성을 들어 그 비판의 표적으로 삼는다. 만약 심리상태가 두뇌 상태와 완전히 동일하다면 라이프니츠의 법칙에 따라 두 상태의 속성은 완전히 동일해야만 할 것이다. 그렇다면 두 상태는 공간적인 속성까지도 공유해야만 할 것이다. 두뇌 상태의 과정들은 분명히 어떤 공간적 위치를 점유하고 있다. 즉 두뇌 상태의 과정은 우리의 두뇌 속 한 부분에서 일어나는 전기적 작용으로서 두뇌의 특정 부분에 의심의 여지 없이 공간적인 위치를 점유하고 있지 않을 수 없기 때문이다. 하지만 심리적 상태 역시 그러한가? 동일론을 비판하는 철학자들은 단호하게 그렇지 않다고 답변한다. "나의 슬픔이 측두엽의 좌반구에 있다."라거나 "내 오른쪽 두뇌의 뒷부분에 기쁨이 있다." 같은 표현은 무의미한 진술로서 말이 되지 않는다고 주장한다. 이것은 마치 숫자 5는 초록색이라거나 사랑은 무게가 20그램 나간다는 것과 마찬가지로 전적으로 무의미한 진술이라는 것이다. 그들은 정신과 두뇌상태가 공간적인 속성을 공유하지 않는다고 말하며 라이프니츠의 법칙에 따라 두 이론은 전적으로 다르다는 것이다.

3. 인간이 기계일 수 있는 또 다른 이유: 반론에 대한 응수

이제 이에 대한 동일론에서의 응수에 대해 살펴볼 필요가 있다. 동일론자들은 위의 반박이 단지 의미론적인 혼란을 야기할 뿐 동일론에 대한 반박이 되지 못한다고 응수하고 있다. 동일론자들은 동일론이 범주의 오류를 범하고 있다는 주장 자체가 과거에만 집착하여 새로운 이론을 이해하려 하지 않는다고 맞선다. 예를 들어 동일론에 대한 반대론자들은 마치 16세기 당시에 천동설을 믿던 사람들이 지동설을 말도 안 되는 소리라고 몰아세웠던 것과 같은 상황이라고 말한다. 동일론자들은 라이프니츠의 법칙을 들어 반론을 펼치는 것은 그들 스스로 내포적 오류에 빠진 주장이라는 것이다. 내포적 오류에 대해 예를 들어 제시하면 다음과 같다.

[전제1] 싸이는 세계적으로 잘 알려진 유명한 가수이다.
[전제2] 그런데 박재상은 유명한 가수로 알려져 있지 않다.
[결 론] 따라서, 싸이는 박재상과 동일한 인물이 아니다.

위의 논증은 라이프니츠의 법칙에 따라 싸이와 박재상이 다른 사람이라는 것을 증명하는 논증이다. 언뜻 보기에 타당한 논증 같지만, 문제는 이 논증이 건전하지(sound) 않다는 사실이다. 왜냐하면, 박재상은 싸이의 본명이며 두 사람은 동일한 인물이기 때문이다. 내포적 오류는 사람들의 판단에 의해 의미가 부여된 속성들을 대상의 참된 본질로 여기기 때문에 발생하는 오류이다. 싸이가 세계적으로 유명한 가수라는 사실과 심리상태가 내성적이라는 속성들은 모두 사람들이 파악하거나, 지각한 것으로 그것의 참된 속성이 될 수 없다.

또한, 두뇌상태와 달리 심리상태는 공간적 위치를 가지지 않는다는 반론에 대해 동일론자들은 그 양자가 명백한 공간적 위치를 가질 수 있다는 사실을 피니어스 게이지(Phineas Gage)의 사례[137]를 통해 제시한다.

게이지는 미국의 어느 한 철도 공사 조직의 감독관이었다. 1843년 9월 13일, 한 철도공사에서 근무하고 있던 25살의 게이지는 공사 작업을 하던 중 다이너마이트가 폭발하는 사고를 겪게 된다. 그 폭발의 충격으로 튀어나온 쇠막대는 불행하게도 이 청년의 왼쪽 뺨에서 오른쪽 머리 윗부분을 관통해 지나가게 된다. 이 사건으로 그는 두개골의 상당 부분과 왼쪽 대뇌 전두엽 부분이 손상되는 심각한 상처를 입게 된다. 뇌의 일부가 손상되는 전대미문의 부상에서 겨우 살아남은 게이지는 그의 머리에 남은 지름 9cm가 넘는 구멍과 함께 살아가게 된다.

게이지를 치료했던 담당인 할로우 의사는 게이지를 치료하던 도중 흥미로운 점을 발견하게 된다. 사고 이전에 친절하고 좋은 사람이었던 게이지는 사고 이후 성격과 행동방식이 완전히 다른 사람처럼 변해버리게 된다. 게이지의 친구들이 그를 더 이상 이전의 게이지로 생각하지 않게 될 정도로 매우 심한 변화였다. 이 사건을 연구하던 신경학자들은, 대뇌 전두엽 손상이 성격과 행동에 큰 변화를 준다는 사실을 알아내게 된다. '우리의 감정이 대뇌 전두엽에 있다'라는 사실을 증명해 낸 사례이다.

지금까지 심신동일론을 둘러싸고 전개된 논의에서 이론의 핵심적인 주장과 그에 대한 반론 그리고 그 반론에 대한 응수에 대해 살펴보았다. 이를 통해 확인할 수 있었던 것은 동일론이 물리주의적 입장에 대해 반대하는 다각적인 비판에 대해 매우 유연하게 대처하고 있다는 점이다. 그들은 신경과학이 발전하면 모든 것이 밝혀지게 될 것이라는 논리 아래 반론들에 대해 적절하게 응수하면서 앞에서 소개된 어떠한 반론에 대해 동일론의 근간을 흔들지 못한다는 점을 확인할 수 있다. 하지만 동일론은 근 50년이 지난 최근까지도 이렇다 할 명백한 증거를 제시하지 못하고 있다는 맹점 역시 지니고 있는 것 또한 사실이다.

4. 기능적 상태를 수행하는 존재로서의 인간

동일론이 갖는 맹점을 보완하면서 그 개념 설정을 달리하고 있는 기능주의는 보다 치밀한 논증의 형태를 취한다는 점에서 자판기의 단순한 입출력 기능과는 비교가 되지 않는다. 기능주의는 모든 유형의 심리상태의 본질적, 또는 결정적인 특성이 신체에 가해지는 환경적 영향, 다른 유형의 심리상태들, 신체적인 움직임, 모든 기능적 상태의 합 등이 가지는 기능적이고 인과적인 상태의 합에 있다는 관점을 취한다. 말하자면, 기능주의적 관점에 따른 인간의 심리상태는 또 다른 심리현상이 그 원인으로 작용할 수 있기 때문이다.

기능주의의 입장에서 볼 때 단순한 입력과 출력의 기능만으로는 심적 상태를 설명할 길이 없다. 왜냐하면, 기능주의적 관점에서 심적 상태들이 인과적으로 다양한 심리상태들에 영향을 미치며 상호 유기적으로 기능하기 때문이다. 그런 점에서 어떤 한 가지 심리상태를 규명하기 위해서는 다른 모든 심리상태에 관해 파악하지 않으면 안 되는 것이다. 예를 들어, 기능주의 입장에서 보는 아픔은 피부에 생긴 상처와 그로 인해 생기는 걱정과 괴로움의 감정들, 그리고 백혈구가 증가하고 아드레날린이 생기는 등의 신체적인 작용 등의 모든 상태가 서로서로 유기적으로 기능하는 방식으로 드러난다. 말하자면 걱정과 괴로움 등의 감정이 아픔의 원인으로서 기능하기 때문이다. 이렇게 기능주의적 관점에서는 다양한 심리상태가 상호 유기적으로 영향을 주고받는 형태로 드러난다.

기능주의에서는 인간의 심리적 상태를 육체와 다른 무언가로 보지 않는다는 점에서 동일론과 같지만, 여러 부분에서 큰 차이를 보인다. 앞에서 언급한 심신동일론은 심적 상태와 두뇌상태 간에 일대일 환원으로부터 출발한다. 그래서 동일론이 성립하기 위해서는 어떠한 상황이 되었건 정신과 두뇌가 일대일로 대응해야만 한다. 우리의 슬픔은 슬픔과 같은 역할을 하는 전기 작용이, 즐거움에는 즐거움과 같은 역할을 하는 전기 작용이 필요하다.

하지만 기능주의자들은 동일론에 대해 다음과 같은 의혹을 제기한다. 예를 들어 인간이 아닌 경우인데, 만일 우리가 외계인을 만난다고 가정해보자. 그 외계인은 우리처럼 탄소로 만들어져 있지 않으며 실리콘으로 되어 있고 우리와는 분명하게 다른 생리학적 구조를 가진 두뇌를 가지고 있다. 이들의 화학적 물리적 구조는 우리와 다르지만, 이들은 우리처럼 감정을 갖고 지성 또한 지닌다. 이 경우에 동일론은 외계인의 지성(intelligence)에 대해 설명할 길이 없다. A=a가 되고 A'=a'가 되어야 하는 동일론에서 B인 외계인의 두뇌 상태가

a인 우리의 정신 작용과 같을 수 없기 때문이다. 이는 외계인까지 비약하지 않고 우리 인간이 개발하고 있는 인공지능의 경우에도 물을 수 있는 질문이다. '동일론이 사실이라면 비인간의 지능을 어떻게 설명할 것인가?' 이 물음에 대해 기능주의에서는 다음과 같이 깔끔하게 답변한다. 만약 외계인이나 로봇의 기능이 우리 인간과 아주 비슷한 구조를 가지고 있다면 그들의 지능과 생각은 우리의 그것과 아무 차이가 없다고 주장한다.

최근 가장 영향력을 행사하고 있는 기능주의 역시 동일론이 직면했던 것과 마찬가지로 문제점을 가지고 있다. 우선 기능주의에 대한 가장 일반적인 반론은 다음과 같다. 즉, 반대론자들은 기능주의의 관계적 속성이 틀렸다고 주장한다. 기능주의에서는 앞서 언급한 바와 같이 각각의 기능들이 상호 인과적인 관계를 갖는다. 기능주의를 받아들이지 않는 철학자들은 이런 관계적인 속성들이 심리적인 상태의 본질적인 특성을 무시하고 있다고 주장한다. 그들은 아주 많은 유형의 심리상태들, 통증이나 색에 대한 감각, 온도에 대한 감각, 음에 대한 감각 등이 본질적이라고 주장하면서 기능주의는 잘못되었다는 것이다.

명백한 결함이라고 주장하는 이 전형적인 사례는 결여된 감각질의 문제(전도된 스펙트럼 사고 실험)에서 살펴볼 수 있다. 예를 들어 꽃을 볼 때 우리는 정상적인 '빨강'에 대한 감각을 가지겠지만, 누군가는 '초록'에 대한 감각을 느낄 수도 있을 것이다. 이런 현상은 다른 색에도 성립된다. 그러나 우리는 서로의 내적인 감각질(Qualia)을 비교할 방법이 없기 때문에 내가 보는 색이 다른 누군가가 보는 색이라고 확신할 방법이 없다는 점이다. 기능주의가 갖는 문제점이 여기서 발생하게 되는데, 내가 보는 색이 다른 사람의 색과 다르다 하더라도 우리는 여전히 기능적으로는 동일하다는 점이다. 우리가 갖게 되는 빨강에 대한 감각과 초록에 대한 감각은 모두 꽃에 대한 감각으로서 기능주의자들에 의하면 양자는 전적으로 같은 감각이 되어버리고 만다. 그런데 기능주의에 대한 비판론자들은 위의 두 사건이 완전히 다른 것임을 설명하면서 기능주의가 틀렸다고 주장한다.

5. 인간이 기계일 수 있는 기능주의적 근거

기능주의자들은 서로 다른 감각임에도 기능적으로 동일한 감각이 되고 만다는 반론에 대해 기능주의에서의 관계적 속성이 틀리지 않았다는 점을 들어 응수한다. 기능주의 입장에서는 어떤 심적 상태도 본질적인 상태가 아니다. 기능주의자들에 따르면 본질적인 심리 상태란 존재하지 않으며, 만약 그것이 기능적으로 완전히 같다면 서로 다른 두 심리상태를 하나로 볼 수 있다고 주장한다. 그들은 전도된 감각의 경우에 두 감각은 전적으로 하나일 수밖에 없다고 설명한다. 하얀 바탕에 검은 줄무늬를 가진 얼룩말이나 검은 바탕에 하얀 줄무늬를 가진 얼룩말이나 결국은 줄무늬라는 점에서 동일한 것과 마찬가지이다. 그들은 한 대상에서 야기된 색에 대한 감각은 그 대상의 특징을 두드러지게 하는 것일 뿐 한 종류의 심리상태를 구분하는 본질적인 것이 아니라고 주장한다.

기능주의의 또 다른 반론으로 결여된 감각질의 문제를 들고 있다. 기능주의 비판론자들은 이러한 반론을 들어 기능적인 상태가 같다고 해서 반드시 인간과 같지는 않다는 사실을 보여주면서 기능주의에 허점이 있음을 지적하고 있다. 이 철학자들이 생각한 한 가지 단적인 사례를 들면 다음과 같다. 만약 기능적인 상태가 우리의 심리상태와 완전히 동일하다면 우리는 엄청나게 거대한 로봇 두뇌를 만들 수 있을 것이다. 그 로봇의 두뇌 속에는 십억 명의 중국인들이 타 있고 그들은 서로 특정한 정보들을 주고받으면서 완전히 우리의 두뇌와 같은 방식으로 기능을 수행한다. 동시에 거대한 로봇은 인간과 완전히 똑같이 기능하고 연산하며 슬픔과 비슷한 반응을 보이기도 한다.

기능주의에 대한 비판론자들은 이런 체계에서 나타나는 슬픔이나 아픔에 관한 기능적 역할들이 과연 감각인지에 대해 묻는다. 이런 기능들은 고유한 감각질을 가진다고 생각하지 않으며 따라서 그것들이 진짜 심리상태가 될 수 없다고 말한다. 이들은 로봇이 아무리 사람과 비슷하게 기능하더라도 사람과 같은 감각을 가지고 있지 않다고 주장한다.

이제 반론에 대한 기능주의의 응수는 다음과 같다. 이 결여된 감각질에 관한 문제에서 기능주의자들은 반론자들이 착각을 하고 있다고 주장한다. 결여된 감각질은 존재하지 않으며, 기능적인 상태가 인간과 같으면 그 대상은 특유의 감각질을 가지고 있다고 말한다. 기능주의자들은 중국인 수만 명이 탄 로봇과 같은 경우에도 우리처럼 감각질을 가지고 있는 하나의 인격체가 될 수 있다고 주장한다.

기능주의자들은 중요한 것은 매개체가 아니라고 주장한다. 그것이 인간의 두뇌속 전기 작용이 되었든 외계인 두뇌 안의 알 수 없는 작용이 되었든, 거대한 로봇 안에 올라탄 수만 명의 중국인이 되었든 상관이 없다고 주장한다. 감각질은 인간과 동형적으로 기능하는 모든 경우에 필연적으로 나타난다고 말한다. 우리 인간의 감각질이 정확히 어떤 것인지 밝혀지지 않았음에도 우리가 감정을 느끼고 생각하는 것처럼, 인간이 아닌 그 무언가의 감각질을 찾아내기가 힘들다고 해서 없는 것은 아니라고 주장한다. 이를 영화의 사례를 통해 살펴보면 다음과 같다. 영화 「바이센테니얼 맨」에서 소녀가 소중하게 여기는 물건을 로봇이 떨어뜨려 부서지게 되고 이에 대해 로봇이 양심의 가책을 느끼는 장면이 등장한다. 영상 내에서 로봇은 소녀의 물건을 부순 것에 대해 양심의 가책을 느끼는 것처럼 행동한다. 그는 인간의 감정을 전혀 이해하지 못하고 있지만, 기능적으로는 인간과 동일하게 행동한다. 우리가 보기에 그의 행동은 자연스러워 보이고 인간답게 양심의 가책을 느끼는 것처럼 보인다. 만약 이런 로봇이 존재한다면, 기능주의적 관점에서 우리는 로봇을 인간과 같은 존재로 여기지 않을 이유가 없어 보인다.

14장 예술과 인문학의 통섭은 어떻게 가능한가

최수정, 김장용

1. 인문학과 예술의 통섭

최근 들어 우리나라에서는 통섭이라는 말이 유행어처럼 번지고 있다. 그렇다면 도대체 통섭이란 무엇인가? 예술과 타 학문들과의 크로스 오버(cross over)라는 개념은 이해하기가 비교적 쉬운데 통섭이라 함은 도대체 무슨 뜻인지 모르겠다는 사람이 많다. 통섭은 'Consilience'의 번역어이다. 진화생물학자 윌슨(E. Wilson)의 저서를 최재천 교수가 번역하면서 '통섭-지식의 대통합'(Consilience: The Unity of Knowledge)이라고 사용하면서 국내에 첫선을 보인 개념이다. 그러나 통섭이나 융합에 비해 그렇게 폭넓게 사용하지는 않지만,

크로스 오버라는 개념 역시 혼용하여 사용하기도 한다.

영역간의 경계를 자유롭게 넘나든다는 의미에서 퓨전(fusion)·하이브리드(hybrid)·컨버전스(convergence)라는 개념과도 같은 맥락에서 쓰인다. 그 가운데 융합이란, 서로 다른 학문이 상호 결합되었을 때, 기존의 특성이 거의 사라지고 창발적(emergence) 속성이 나타나는 데 비해, 통섭이란 서로 결합되어 있기는 하지만 각각의 특성이 대체로 남아있는 경우를 말하는 것으로 보인다.

크로스 오버의 경우 대중문화 영역에서 주로 사용되는 개념이지만, 대중문화에서부터 정치에 이르기까지 전 분야에 거쳐 나타나기도 한다. 물론 실제로 구체적인 상황에 적용함에 있어 이들 개념이 반드시 구분하여 적용된다고 단정 짓기는 어렵다. 그럼에도 불구하고 통섭이나 융합이라는 개념이 이제는 자연스럽고 또 그래야만 하는 것으로 받아들이고 있다는 점에서 필시 미래지향적 가치의 확보와 직접적인 연관성을 갖는 것으로 이해할 수 있다.

애플의 스티브 잡스나 H.P의 칼리 피오리나(Carly Fiorina) 같은 저명한 CEO의 성공 열쇠는 기술에 인문학과 예술을 접목시킨 창의성에 있다고 역설한 것이 도화선이 되어 국내에서도 인문학과 예술을 새롭게 바라보는 시각이 이전과는 다르다. 특히 현대 지식기반사회에서 기업이 요구하는 인재상 역시 여러 분야를 아우르는 창의적 인재를 원한다는 점을 염두에 두었을 때, 예술과 인문학 등 여러 학문 분야와의 융합에 초점을 맞추고 있는 것이 현실이다. 최근 들어 유독 융합, 통섭, 크로스 오버 등의 개념이 많은 사람에게 회자되면서 인문학과 예술 역시 서로 다른 영역이지만 최근의 이러한 유행과 함께 융합 내지 통섭이 이루어졌다고 여기는 경향이 있다. 그러나 실제로 인문학과 예술의 융합은 최근의 일이 아니다. 그 시점을 정확하게 잡기는 어렵지만, 근대 이후 지속적으로 이어져 왔고 인문학 속에 예술이 혹은 예술 속에 인문학이 내재되어 왔다고 할 수 있다.

이 글의 목적은 예술과 인문학의 융합에 대한 이론적 배경과 근거를 토대로 이러한 융합 혹은 통섭이 구체적으로 예술사나 미학에서 어떻게 구현되어 왔는지에 대해 살펴본 후 그 적용이라는 차원에서 새로운 융합의 가능성에 대해 그 전망과 함께 제시하고자 한다.

2. 예술에서 융합이 갖는 의미

인문학에는 철학과 문학, 역사학, 고고학, 언어학, 종교학, 여성학, 미학, 예술, 음악, 신학 등을 들 수 있으며, 그 가운데 대표적인 것으로는 문학, 역사, 철학이 있다. 그런데 인문학과 예술과의 관계에서 일차적으로 인문학이 예술을 함축한다는 의미로 받아들일 경우 인문학이 내용물이라고 한다면 예술은 이를 담는 형식으로 이해할 수 있을 것이다. 이는 마치 논리학에서 논리(형식)와 명제(내용) 간의 관계와 같다. 이 경우 논리는 형식으로서의 그릇에 해당한다면 그 속에 담는 내용물에 해당하는 것이 명제인 셈이다. 그런데 논리는 그 형식의 타당성만을 따지는데, 문제는 형식과 내용의 관계에서 그 내용물에 해당하는 명제가 거짓이거나 무의미한 진술일 경우 형식을 따지는 것은 불가능하게 된다. 그렇다면 이 양자는 상호 보완적인 관계에 있다고 말할 수 있을 것이다. 따라서 상호 보완적인 경우에 한해 각 분야가 갖는 본래적인 위상이 확보될 수 있을 것이고, 반대로 그러한 고유성의 확보는 곧바로 융합할 수 있는 근거가 된다는 사실이다. 따라서 상호이질적인 것 간의 융합은 가능하지만, 상호 많은 유사성을 갖거나 동일한 것 간의 융합은 불가능하다. 인문학과 예술의 관계를 이와 같은 맥락에서 이해했을 때, 인문학이 예술에 어떻게 개입하느냐에 따라 예술의 가치 내지 위상 또한 달라질 수 있다는 의미로도 해석할 수 있다.

예술과 인문학을 어떻게 받아들일 것이냐는 수용적 측면과 관련지어 양자의 관계에 대해 생각해 볼 필요가 있다. 일반적으로 우리가 인문학을 접할 경우, 매우 난해할 뿐만 아니라 복잡하기까지 해서 쉽게 받아들이기 어려운 학문 분야임이 분명하다. 이때 그 매개체로서 예술을 통해 인문학에 접근한다면, 복잡하고 어려운 구조가 쉽게 풀릴 수 있는 실마리를 제공받을 것이다. 인문학이 언어를 통해 추상적으로 접근할 수 있는 분야인 데 비해, 예술은 우리의 감각을 통해 직접적으로 와 닿게 함으로써 직관적인 이해를 가능하게 하는 분야이기 때문이다. 예술을 감상함에 있어서도 감상자는 자신의 체험을 통해 작품을 직관적으로 파악한다. 이 역시 앞에서도 언급했듯이 접근 방식에 대한 방법론의 차이로 이해할 수 있다. 그래서 인문학이 개념의 학문이라고 한다면, 예술은 체험과 직관적 통찰의 분야인 셈이다. 그런데 인문학과 예술이 상호 보완적인 관계를 전제했을 때 또한 수용에 대한 효율성의 측면을 염두에 둔다면, 형식(예술)을 통해 내용 (인문학)에 접근하는 것이 가능하다.

여기에서 제기되는 물음은, 그렇다면 인문학과 예술의 융합이 어떻게 이루어지며 그러한 융합이 갖는 목표가 무엇인지에 대한 것이다. 융합이 이루어지는 다양한 상황을 고려해 볼 수 있지만, 융합은 특정한 목표를 달성하기 위해 한 분야로 목적의 달성이 불가능할 경우 융합이 이루어진다. 또한, 주어진 문제를 해결함에 있어 단일 분야로는 해결할 수 없기 때문에 융합하는 경우이다. 어느 경우가 되었건 융합이 불가피한 경우 다른 대안을 찾기는 어렵다. 인문학과 예술이 갖는 성격과 지향하는 방법론은 물론 서로 다르다. 말하자면 융합의 원칙에 비추어 볼 때 서로 다른 분야끼리는 융합이 가능하지만 같거나 유사한 것끼리 융합하는 것은 아무런 의미가 없다. 왜냐하면, 같은 것끼리는 목표의 달성이나 문제를 해결함에 상호 결코 도움이 되지 않기 때문에 융합할 이유가 없다.

이에 대한 하나의 사례를 들자면 영화가 대표적일 수 있다. 영화는 시나리오만으로 될 수 없고, 배우만으로 구성될 수 없다. 하나의 영화를 이루는 요소가 모두 결합되었을 때 비로소 한 편의 영화가 탄생하는 것이다. 이들 소재는 모두 이질적이고 때로는 배타적이기도 하다. 영화는 시나리오, 기획, 배경, 배우, 무대, 의상, 노래, 효과 등 각각의 상호 이질적인 소재들이 하나로 어우러지면서 관객들로 하여금 하나의 감동을 선사하고 당시 상황을 사실에 입각하여 재현함으로써 역사를 체험하게 만들기도 한다.

인문학과 예술도 이와 같은 맥락에서 이해할 수 있다. 인문학, 특히 철학의 경우 이성의 활동을 근간으로 한다는 점에서 극히 사변적이고 논리적인 측면이 강조되는 반면, 예술의 경우 감성적 능력을 토대로 한 기능 혹은 기교 중심의 분야라는 점에서 상호 이질적인 분야임이 분명하다. 하지만 예술만으로 예술이 갖는 목표를 결코 달성할 수 없다는 점에서 철학과 융합함으로써 소기의 목적을 달성하게 된다는 사실이다. 왜냐하면, 예술이 인식의 문제와 별개일 수 없고, 가치의 문제와 동떨어질 수 없기 때문이다. 이후의 논의에서는 예술과 인문학 간의 융합이 구체적으로 어떻게 이루어지고, 그것이 갖는 의미가 무엇인가에 초점을 맞추고자 한다.

3. 예술과 미학: 통섭 학문으로서의 미학

본래 기술이라는 뜻을 지닌 '예술(藝術: art)'이 근대에 이르러 개인의 독창적인 산물이라는 의미를 지니기 시작하는데, 그런 점에서 예술은 애초에 인문학과 동떨어지지 않았으나 독립적인 개념으로 사용되기 시작했다. 고대 그리스에서 예술과 유사한 용어인 'ars'는 모든 인간 활동에 적용되며, 배워야 할 규칙들과 기술이 있는 지식, 혹은 기능의 일종으로 여겨졌다. 플라톤은 회화와 조각으로서의 'art'라는 개념으로 사용했지만, 사냥과 조산술, 예언술 및 수학으로서의 'art'에 대해서 동일한 의미를 적용하였다. 그것은 누구나 연습하고 노력하면 터득할 수 있는 기교(skill)로서 13세기 토마스아퀴나스는 조각과 회화를 제작하는 능력 외에도 제화, 요리, 곡예, 문법의 기술에 대해서도 이 개념을 적용하고 있다. 말하자면 조각이나 회화·건축은 삶 속에서 생활적인 도구를 만드는 일상적인 기술의 한 부분으로 여겼다.

하지만 르네상스를 거치면서 예술가와 그들의 작품에 대해 의미를 부여하기 시작하면서 예술이 더 이상 일상기술이 아니며, 회화 또한 자유 기예(liberal arts)[138]의 한 분야로 포함시키기 시작한다. 현재 우리가 알고 있는 순수예술(fine art)은 18세기 후반에 이르러서야 정립된다. 1746년 아베 바뙤(Charles Abbe Batteux)가 논문 「하나의 원리로 통일된 순수예술」을 발표하면서 순수 예술과 일상기술을 분리시킨 후 1751년 백과전서에서 정식 승인되었다.

현재는 예술작품과 더불어 늘 붙어 다니는 미학이라는 분야는 예술이 기술에서 벗어나지 못하는 상황과 마찬가지로 18세기 말 이전에는 존재하지 않았던 학문이다. 미학이라는 용어는 1735년 철학자 바움가르텐(Alexander Gottlieb Baumgarten)의 『시에 관한 몇 가지 점들에 대한 철학적 성찰』에서 처음 쓰여 지게 된다. 그는 그 글에서 논리학에 대한 비판과 함께 예술에 대한 철학적 접근을 '감성적 지식에 의한 새로운 학'이라고 정의하면서 미학(Aesthetica)이라는 명칭을 부여한다. 그러나 그 윤곽이 드러난 것은 칸트의 『판단력 비판』에 이르러서야 이론적이고 실용적 지식과 판단의 비판적 기능을 구분[139]하면서부터다.

칸트에 따르면 순수한 아름다움은 자연과 예술에서 찾을 수 있는

데 자연은 신에 의해 창조된 완벽한 아름다움이고, 예술은 인간에 의해 창조된 아름다움이라 하면서, 예술은 지식에서 분리되어 생산하기 위해서는 천재성을 부여받아야 하고, 그 평가를 위해서는 취미가 있어야 한다고 주장했다.

미학은 아름다움에 대한 철학적 접근이다. 그렇다면 미학은 예술에 대한 이성적 접근인 셈이다. 예술에 대한 접근은 칸트도 지적하고 있듯이 인간에 의해 창조된 아름다움이라고 한다면, 인문학의 본령으로서의 철학은 이성적 활동에 따른 비판을 그 특징으로 한다. 이 양자가 결합이 될 수 있는 것은 이 세계에 대한 설명의 두 측면으로 이해할 수 있다. 동일한 대상에 대해 예술은 우리의 감성적 능력을 통해 접근한 결과라고 한다면, 철학은 이성적 능력을 통해 접근한 결과인 것이다. 그렇게 본다면 인간의 서로 다른 능력을 동원해 하나의 대상을 설명하고 평가한 결과라고 할 수 있다.

그런 점에서 예술이 지향하는 목표인 미(美)에 대한 접근은 감성적인 차원에서 어떤 소재를 통해 이루어질 수도 있겠지만, 이는 과연 미(아름다움)에 대한 본질적인 접근이라고 할 수 있는가 하는 문제가 제기된다. 플라톤에 따른 미의 이데아는 이성적으로만 접근 가능하다고 주장하고 있다. 이 말은 미에 대한 개념적 이해 없이 미에 대한 예술적 창조가 어떻게 가능하냐는 물음과 직결되는 문제이기 때문이다. 말하자면 미에 대한 개념적 인식이 선행되지 않는 미적 성과는 극히 개인적일 수 있다는 점에서 자의적인 해석의 소지가 얼마든지 있을 수 있다. 그럴 경우 '아름답다'와 '아름답지 못하다'라는 판단은 불가능할 것이다. 이것이 불가능하다면 예술의 목표인 미에 대한 탐구는 애초에 불가능한 것이 되고 만다. 여기에서 미를 판단할 수 있는 기준의 문제가 제시되지 않는 아름다움에 대한 논의는 무의미한 진술이 되고 말기 때문이다. 물론 이와 관련한 문제에 대한 세부적인 사례도 얼마든지 있을 수 있다.

그에 대한 예술사적 사례로 원근법의 발견을 꼽을 수 있을 것이다. 원근법의 발견으로 인해 인간은 직관에 의한 감성적 시각이 아니라, 이성에 의한 합리성에 눈을 뜬다. 원근법이 처음 브루넬레스코(Filippo Brunelleschi)에 의해 시연되었을 때, 사람들은 더 이상 자신들이 그리는 재주가 없더라도 과학을 이용하기만 하면 대상을 정확히 표현할 수 있다는 자신감을 얻게 되었다. 더 이상 시각의 정확한 객관화는 어려운 일이 아니며, 중세의 믿음의 세계를 과학에 입각한 이성의 세계로 이끄는 견인차 역할을 하게 된다. 자신과 자연을 있는 그대로 객관적으로 바라봄으로써, 과학적이고 실증적인 탐구에 따른 합리성이 예술에 적용된 것이다.

이에 대한 근거에 대해 살펴볼 필요가 있다. '시각'은 하나의 주체가 어떤 대상을 바라보는 행위인데, 거기에는 바라보는 주체와 보이는 대상이 있게 마련으로 그 사이에는 거리가 존재한다. 왜냐하면, 눈과 대상이 밀착되어 있다면 대상의 전체 모습을 파악할 수 없기 때문이다. 철학이나 미학의 '비판적 거리' 혹은 '미학적 거리'라는 용어의 의미가 바로 그것이다. 어떤 현상을 비판하기 위해서는 그 현상과 적절한 거리를 유지해야 한다는 것이다. 그러나 주체의 조건이 고려되지 않고, 모든 변수도 제거된 채, 고정된 시점에서 고정된 시선에 의해 관찰된 대상이 과연 얼마나 진실일까? 원근법적 회화에서 볼 수 있듯이 화가의 위치나 소실점의 대상이 조금만 이동해도 견고하게 짜인 회화의 구도는 전체적으로 달라진다.

예를 들면 특정연구자의 개인적인 편견이나 조건은 일체 고려하지 않고 특정의 대상만을 한 지점에 고정시켜 진행하는 연구 결과가 과연 실재와 부합된다고 할 수 있을까? 여기에서 '시선의 타자성'이라는 문제가 발생하는데, 시각에서 촉각으로 전환될 경우 그 관계성을 어떻게 이해할 수 있을까? 여기에 이성이 개입하지 않는 한 과연 '이행' 혹은 '전환'의 측면을 설명할 길은 없을 것이다. 말하자면 실재를 과연 인식할 수 있는가의 문제로 귀착된다는 점이다. 물론 대상을 인식함에 있어 '개별성'과 '특수성' 그리고 '고유성'은 있기 마련이다.

하지만 여기에서 주관적 인식만을 지향할 경우 실재성의 확보라는 근간이 흔들린다는 점에서 예술적 성과로 드러난 결과물 그 자체도 상대성을 허용해버리는 결과로 드러날 수 있다는 사실이다. 물론 그와 반대인 경우에도 마찬가지이다. 예술이 과학이나 철학이 아니기 때문에 객관성과 보편성을 지향하지는 않기 때문이다. 여기서 야기되는 문제가 곧 조화 혹은 융합이라는 방식으로 드러날 것임이 분명하다. 말하자면 상호 융합되지 않는 예술은 존재할 수 없다는 결론에 도달한다. 물론 어디에 비중을 둘 것인가의 문제는 주체마다 다를 것이다. 하지만 분명한 것은 인문학 혹은 철학을 전제로 하지 않은 예술을 과연 예술이라고 할 수 있느냐는 물음에 대한 답변은 필수적일 것이다.

4. 인문학과 예술의 융합 사례

최근 사회적으로 각광받는 '통섭'은 이미 르네상스의 진원지인 피렌체(Firenze)에서부터 시작되었다. 그래서 오늘날 융합적 사고를 하는 인물을 '르네상스 맨'으로 부르기도 한다

콘스탄티노플(Constantinople)이 멸망한 후, 그곳에 있었던 과학자와 철학자들이 정착한 곳이 이탈리아의 피렌체였다. 여기에서 철학자와 과학자, 예술가들의 담론 성과가 곧 하나의 문화를 탄생시킨다. 그전까지만 해도 철학자는 철학자들끼리 과학자는 과학자들끼리만 어울려 교류를 했지만, 메디치(Medici) 가문을 통한 서로의 만남은 곧 '융합'의 서막을 알린다. 그렇게 탄생한 문화가 바로 르네상스이며, 르네상스 시대는 통섭의 시대 그 자체였다. 법률가, 화가, 문학가, 철학가들이 함께 문화적 변혁을 이끌었던 것이다. 유럽 전체가 혼연일체가 된 지식의 집단 운동이 된 것이다. 당시 원근법은 최첨단의 과학으로 예술가들은 그것이 작품 내용과 관계가 없더라도 그것을 활용하기 위해 그들의 작품배경으로 적용하고자 했다.

그 대표적인 사례로 라파엘로(Raffaello Sanzio)의 「아테네 학당」을 들 수 있다. 이 작품은 길이가 8m에 달하는 거대한 작품으로 54명의 고대 철학자, 천문학자, 수학자들을 등장시키면서 르네상스식 실제 건물을 배경으로 화면 중앙의 두 인물을 중심으로 소실점을 잡고 나

머지 인물들을 한 선상에 배치해 한 지점에 집중 효과를 나타내는 투시도법을 활용하고 있다. 라파엘로는 이 작품을 통해 당시 이탈리아와 고대 그리스를 서로 대응시켜 두 시대의 위인들을 향한 작가의 존경심을 표현함에 있어 인문학적 사고와 과학적 방법론을 예술로 구현해 내고 있다.

또 하나의 사례로 레오나르도 다빈치(Leonardo da Vinci)의 「모나리자」역시 통섭의 대표적인 작품이다. 레오나르도 다빈치는 통상 화가이자 천재적인 과학기술자로 알려져 있다. 실제로 그는 미술, 수학, 물리학, 공학을 망라한 다양한 작품을 세상에 내놓은 대표적인 융합론자이다. 그의 작품은 주로 배경적 측면에서는 원근법과 자연과학을, 인물에 있어서는 해부학을, 내용적 측면에서는 주로 성서나 일화를 적용하는 특징을 갖는다. 「모나리자」의 경우 이 작품은 특유의 '미소'로 유명하고, 그것은 스푸마토(sfumato, 대기원근법)의 시작을 알리는 대표적 사례에 속한다. 특히 이러한 방법은 그 이후로 수많은 서구의 미술을 2차원 화면에 실제와 같은 3차원 환영법을 도입하는 한편, 그 3차원 환영을 깨기 시작하는 시발점을 이룬다. 다빈치의 스푸마토는 실제처럼 보이지만 결코 그렇지 않은 기법으로, 이후 작가들은 그것을 통해 점차 화면을 추상화시키기 시작한다. 다빈치 이후로 사라지기 시작한 외곽의 형태와 선은 인상파에 이르러서는 원근법 환영의 해체로, 현대 추상화로 이어지면서 붓 터치만 남게 되었다.

중세의 대표적인 회화를 통해 인문학과 예술의 통섭이 어떻게 이루어지고 있는지에 대해 살펴보았다. 상호 이질적인 것이 어떻게 통섭으로 이루어지는지에 대한 적용 사례를 통해 융합이 갖는 본질적인 의미 또한 확인할 수 있었다. 인문학은 세상을 보는 방법을 가르쳐 주며 예술은 그것을 형상화시킨다. 여기에서 예술은 자신을 내면화시키는 작업이라고 한다면, 인문학은 자신을 타자화시키는 작업이다. 그래서 통섭은 다양한 지식 세계를 넘나드는 나(self)와 타인(other)의 대립되는 자의식을 융합하는 지성 차원의 영적 기술이며, 마음의 이해를 통한 삶과 학문, 종교, 과학, 예술과의 융합을 이루는 것이다. 즉, 인문학과의 통섭은 예술이 지니는 본성, 목표, 성격 등을 근본적으로 드러내 준다는 측면에서 융합 없는 예술은 더 이상 예술이라고 할 수 없다. 끝으로 이 글을 통해 조금이나마 인문학을 기반으로 하여 예술을 바라보고 새로운 통섭의 방법을 모색할 수 있기를 기대한다.

:: 참고문헌

강현구, 『문화콘텐츠의 서사 전략과 인문학적 상상력』, 글누림, 2008.

강현구, 김종대, 장은석 공저, 『문화콘텐츠와 인문학적 상상력』, 글누림, 2005.

고병권, 『니체의 위험한 책, 짜라투스트라는 이렇게 말했다』, 그린비, 2006.

권재일, 「인문학의 학제적 연구·교육 현황과 활성화 방안」, 『인문정책연구총서 2006-01』, 2006.

김경한, 「인문학의 진흥책으로서 교양학부제의 확대개편을 통한 문화학부제의 도입 연구」, 인문사회연구회 『인문정책연구총서 2002-14』, 인문사회연구회 한국교육개발원, 2002.

김동식, 『인문학적 문화 연구를 위하여』, 알음(들린아침), 2005.

김명윤, 「프랑스의 교육제도 연구」, 『교육연구』 제2호, 2005.

김상현, 칸트 「판단력 비판」, 『철학사상』 별책 제5권 6호, 서울대학교 철학사상연구소, 2005.

김성우·최종덕, 「대학 교양교육의 위기와 인문학의 미래」, 『시대와 철학』, 한국철학사상연구회, 2009.

김재호, 칸트 「윤리형이상학 정초」(해제), 『철학사상』 제7권 제14호, 서울대학교 철학사상연구소, 2006.

김주아, 「2010년도 일반계 고등학교 보통교과 선택과목 개설 현황」, 『교육정책포럼』, 한국교육개발원, 2010.

김진우, 「'商工' 시대의 인문/교양교육」, 『교양교육연구』 3-2, 한국교양교육학회, 2009.

니체, 권영숙 역, 『즐거운 지식』, 청하, 1989.

대니얼 네틀, 김상우 역, 『행복의 심리학』, 와이즈북, 2006.

대린 맥마흔, 윤인숙 역, 『행복의 역사』, 살림, 2008.

로렌 포프, 김현대 역, 『내 인생을 바꾸는 대학』, 한겨레출판사, 2006.

로렌 포프, 김현대 역, 『내 인생을 바꾸는 대학』, 한겨레출판, 2008.

롤즈, 「정의론」, 『철학사상』 별책 제5권 제14호, 서울대학교 철학사상연구소.

마이클 샌델, 이창식 역, 『정의란 무엇인가』, 김영사, 2009.

마이클 샌델, 이창신 역, 『정의란 무엇인가』, 김영사, 2010.

메리 앤 스타니스제프스키, 박이소 역, 『이것은 미술이 아니다』, 현실문화연구, 2011.

박인철, 「기술시대와 사랑의 윤리학」, 『철학연구』 66집, 철학연구회, 2004.

박정하, 「중·고등학교에서의 인문교육 현황진단 및 정책대안」, 『인문정책연구총서
    2003-03』, 2003.

백종현, 『철학의 개념과 주요문제』, 철학과 현실사, 2004.

박현우 공저, 『스포츠의 인문학적 탐색』, 전남대학교출판부, 2005.

서강대학교 국제지역문화원 인문세미나 교재개발위원회, 『현대사회와 인문학적 상상
    력 2』, 서강대학교출판부, 2008.

서경요, 『유가사상의 인문학적 숨결』, 문사철, 2011.

서선미, 「J.S. Mill의 행복 개념 연구」, 한림대학교 대학원 석사학위논문, 2003.

송상용 외, 『생태문제와 인문학적 상상력』, 나남 1999.

셸리 케이건, 박세연 역, 『죽음이란 무엇인가』, 엘도라도, 2012.

손동현, 「인문교양교육의 의미와 과제」, 『인문연구 37집』, 성균관대학교 인문과학연구
    소, 2006.

아리스토텔레스, 홍석영 역, 『니코마코스 윤리학』, 풀빛, 2005.

아리스토텔레스, 최명관 역, 『니코마코스 윤리학』, 서광사, 1991.

알랭 바디우, 조재룡 역, 『사랑 예찬』, 길, 2010.

오태민, 『인문학적 상상력』, 케이디북스, 2012.

영남대학교 인문과학연구소 편, 『몸의 인문학적 조명』, 월인, 2005.

에리히 프롬, 황문수 역, 『사랑의 기술』, 문예출판사, 2006.

이남훈, 『CEO 스티브 잡스가 인문학자 스티브 잡스를 말하다』, 팬덤북스, 2011.

이상옥, 「한국 인문교육 진단모형과 정책대안의 종합적·단계적 추진전략」, 『인문정책 연구총서 2003-01』, 2003.

이영호, 『대학 인문교양교육의 현황 진단 및 정책대안』, 인문사회연구회, 2003.

이인, 『사랑할 때 알았더라면 좋았을 것들』, 한국경제신문사, 2012.

이지성, 『리딩으로 리드하라』, 문학동네, 2012.

이학준, 『운동의 인문학적 사유』, 한국학술정보, 2010.

임정택, 「국외 우수 인문교육 비교연구 및 활용방안」, 『인문정책연구총서』, 인문사회 연구회, 2003.

전성기, 『인문학의 수사학적 탐구: 언어학·번역학·수사학』, 고려대학교출 판부, 2007.

전영평 외, 「선진국 인문학 진흥체계와 한국 인문정책 연구기관 운영방안」, 『인문정책 연구총서 2004-05』, 인문사회연구회, 2004.

조난심, 「인문학 후세대 양성을 위한 고등학교에서의 인문학 교육 강화 방안 탐 색」, 『제3차 인문정책세미나 인문정책포럼』 2010년 겨울호, 경제·인문사회연 구회, 2010.

존 롤즈, 황경식 역, 『정의론』, 이학사, 2003.

지그문트 롤랜드, 손환·임석원 역, 『스포츠 윤리학』, 철학과현실사, 2011.

차봉희, 『인문학적 인식의 힘』, 와이겔리, 2006.

철학교재 편찬위원회, 『철학의 이해』, 중앙대학교 출판부, 1997.

최미리, 『미국과 한국 대학의 교양교육 비교』, 양서원, 2001.

크리스 젠크스 편저, 이호준 역, 『시각문화』, 예영커뮤니케이션, 2004.

P. M. 처치랜드, 석봉래 역, 『물질과 의식』, 서광사, 1992.

프레드A. 웨스츠팔, 양문흠, 기종석 역, 『어떻게 철학을 할 것인가』, 까치, 1990.

플라톤, 최명관 역, 『플라톤의 대화』, 종로서적, 1984.

플라톤, 최현 역, 『프로타고라스』, 범우사, 2002.

허버트 리드 저, 박용숙 역, 『예술의 의미』, 문예출판사, 2007.

홍병선 외, 「인문학 교육 실태 분석 및 진흥방안 연구」, 정책연구 2011-01, 한국교총, 한구교육정책연구소, 2011.

홍병선, 「행복에 대한 인문학적 성찰」, 『시민 인문학』 제21호, 경기대학교 인문과학연구소, 2011.

A. Flew, *Divine Omniscience and Human Freedom*(London: SCM press, 1955)

A. J. Ayer. "Freedom and Necessity, in G. watson, ed, *Free will*(oxford: Oxford University press, 1982)

Bear, Mark F., Barry W. Connors, Michael A. Paradiso, 『Neuroscience: Exploring the Brain』, Lippincott Williams&Wilkins, 2006.

Breneman, D. W., *Liberal Arts Colleges: Thriving, Surviving, or Endangered?* Washington D. C.: The Brookings Institution, 1994.

Donald Asher, *Cool Colleges*, Ten Speed Press, 2000.

E. L. Beardsley, "Determinism and Moral Perspective", *Philosohpy and Phenomenology Research*, 1964.

M. Heidegger, *Sein und Zeit*, Zwölfte, unveränderte Auflage, Tübingen: Max Niemeyer, 1972.

Rawls, J. *A Theory of justice*, Cambridge, Mass.: Harvard University Press, 1971.

:: 참고자료 및 웹 사이트

"보험업계에 인문학 공부 열풍", 경향신문(2012년 2월 15일 자).

"인문학이 죽으면 나라 망한다: 한국 인문학의 위기", 신동아(1999. 5).

교육과학기술부 고시 제 2011 - 361호 별책 1(2011. 8. 9).

교육과학기술부 고시 제 2011 - 361호 별책 4(2011. 8. 9).

이종권(2006), "'인문학 선언'의 '블루오션'적 해법", 건대학보.

"위기의 인문학 살길은…", 조선일보(2006년 9월 18일자 2면).

http://academic.reed.edu/humanities/hum110/syllabus/index.html.

http://en.wikipedia.org/wiki/Humanities.

http://en.wikipedia.org/wiki/Reed_college.

http://en.wikipedia.org/wiki/St._John's_College.

http://reed.edu.

http://web.reed.edu/ir/phd.html.

http://www.e-heds.org.

http://www.neh.gov/whoweare/overview.html.

http://www.stjohnscollege.edu.

http://www.stjohnscollege.edu/academic/ANreadlist.shtml.

1) "고려대 문과대 교수 전원 '인문학 위기 타개' 선언", 경향신문, (2006년 09월 15일자).

2) "천문을 관찰하여 이로써 때의 변화를 살피고, 인문을 관찰하여 이로서 천하를 교화시
   켜 간다(觀乎天文 以察時變 觀乎人文 以化成天下)." - 『주역(周易)』山火賁卦, 인문에 대한 학
   문(學問), 곧 인간다움에 대해 배우고 물음은 인간다움의 덕을 '배움으로써 모으고, 물음
   으로써 변별함(學以聚之 問以辨之)' 『(周易)』건위천(乾爲天)을 이를 것이다.

3) 통섭(通涉) : 사물에 널리 통함, 서로 사귀어 오감.

4) 이지성, 『리딩으로 리드하라』, 문학동네, 2012, 61~67쪽.

5) 플라톤, 최현 옮김, 『프로타고라스』, 범우사, 2002, 93쪽.

6) 중국 북송(北宋)의 사마광(司馬光: 1019~1086)이 1065년~1084년에 편찬한 편년체(編年體)
   역사서.

7) 이지성, 2012, 47~53쪽 참조.

8) 로렌 포프 저, 김현대 역, 『내 인생을 바꾸는 대학』, 한겨레출판사, 2008, 438~453쪽.

9) 미국 국립인문재단(National Endowment for the Humanities; NEH)은 연방정부 내 대통령 직
   속 독립기구로 자체 조직과 예산을 갖고 인문학 발전과 확산에 기여하는 것은 물론 인문
   교육의 활성화에 핵심적 역할을 담당하고 있다.

10) 1960년대 케네디 대통령이 천명한 신 르네상스 정책에 입각하여 미국은 전 세계적 리
    더십을 유지하고 발전시키는 기초가 인문 및 예술(Liberal Arts)에 있다고 보고, 인문 및
    예술에 대한 연구와 지원, 그리고 그 결과의 확산을 국가 발전 전략의 한 축으로 인식하
    게 된다. 이러한 인식이 없었다면 미국은 인문-예술에 대한 국가적 지원이 법제화되지
    못했을 것이며, 따라서 NEH도 탄생할 수 없었을 것이다. NEH의 의장을 비롯해 NEH
    자문기관인 국가 인문학위원회가 대통령의 지명에 따라 국회로부터 인준을 받아 운영
    된다는 점, NEH가 별도의 연방정부 예산을 받아 인문학 진흥사업을 진행한다는 점 등
    은 미국의 인문학 진흥정책이 철저히 법 제도화의 기초하에 진행되고 있음을 보여준
    다. 이러한 법제도적 뒷받침으로 인해 NEH는 독립성을 유지하며 미국이 21세기 인문-
    예술 선진국의 자리를 유지할 수 있도록 자신의 역할을 수행하고 있다.
    전영평 외, 「선진국 인문학 진흥체계와 한국 인문정책 연구기관 운영방안」, 『인문정책
    연구총서 2004-05』, 인문사회연구회, 2004.

11) http://www.neh.gov/whoweare/overview.html.

12) 임정택, 「국외 우수 인문교육 비교연구 및 활용방안」, 『인문정책연구총서』, 2003,
    58~68쪽 참조.

13) 김명윤, 「프랑스의 교육제도 연구」, 『교육연구』제2호, 2005, 9~10쪽 참조.

14) 강예숙, 「프랑스 고등학교의 철학교육」, 『프랑스문화예술연구 6집』, 2002, 1~17쪽 참조.

15) 1999년에 한 잡지에서는 "인문학이 죽으면 나라 망한다"는 제목의 기사를 실어 인문학

위기의 문제점을 심층 분석한 바 있다(신동아, 1999. 5월호).

16) 인문학 위기에 대한 이러한 표현과 맥락은 이종권이 2006년 10월 9일자 건대학보에 "'인문학 선언'의 '블루오션'적 해법"이라는 제목으로 투고한 내용에서 논자가 차용한 것임.

17) 이 부분은 이 글의 초고를 쓸 당시의 신문기사나 방송을 그 근거로 할 수밖에 없다. 금 융계의 인문학 열풍의 대표적인 사례로는 경향신문의 2012년 2월 15일자에 실린 "보험 업계에 인문학 공부 열풍"을 언급할 수 있다.

18) 위키피디아 백과사전에서 인문학을 검색하면, 인문학(人文學)은 인간의 조건(the human condition)에 관해 탐구하는 학문이다. 자연 과학과 사회 과학이 경험적인 접근을 주로 사용하는 것과는 달리, 분석적이고 비판적이며 사변적인 방법을 폭넓게 사용한다. 인 문학의 분야로는 철학과 문학, 역사학, 고고학, 언어학, 종교학, 여성학, 미학, 예술, 음 악, 신학 등이 있으며, 크게 문/사/철(문학, 역사, 철학)로 요약되기도 한다. http://en.wikipedia.org/wiki/Humanities. 최종검색일: 2013년 6월 20일.

19) 이상옥, 「한국 인문교육 진단모형과 정책대안의 종합적·단계적 추진전략」, 『인문정책 연구총서 2003-01』, 2003, 10쪽.

20) 손동현, 「인문교양교육의 의미와 과제」, 『인문연구』 37집, 성균관대학교 인문과학연구 소, 2006, 209쪽.

21) 이상옥, 「한국 인문교육 진단모형과 정책대안의 종합적·단계적 추진전략」, 『인문정책 연구총서 2003-01』, 2003, 55쪽.

22) 박정하, 「중·고등학교에서의 인문교육 현황진단 및 정책대안」, 『인문정책연구총서 2003-03』, 2003, 38~39쪽 참조.

23) 박정하, 「중·고등학교에서의 인문교육 현황진단 및 정책대안」, 『인문정책연구총서 2003-03』, 2003, 38쪽.

24) 교육과학기술부 고시 제 2011 - 361호 별책 1(2011. 8. 9) 참조.

25) 교육과학기술부 고시 제 2011 - 361호 별책 4(2011. 8. 9) 참조.

26) 교육과학기술부 고시 제 2011 - 361호 별책 4(2011. 8. 9)에 의하면 한국사의 목적을 다 음과 같이 제시하고 있다.

가. 중학교에서 학습한 역사에 대한 기본적 이해를 바탕으로 사회·경제적 변동과 문화 성격을 아우르면서 한국사의 특성을 다각적으로 분석하여 종합적으로 인식한다.

나. 오늘날 우리의 삶은 과거 역사의 산물임을 이해하되, 각 시대 우리나라 역사의 전 개 과정을 세계사의 맥락 속에서 심층적으로 파악한다.

다. 우리 역사가 외부 세계와 교류하고 발전하는 과정에서 다양한 문화적 성격을 가짐 과 동시에 한국사의 정체성을 유지해 왔음을 이해한다.

라. 우리 역사와 관련된 자료를 분석하고 비판하는 종합적인 탐구 활동을 통해 역사적 사고력을 키운다.

마. 우리 역사를 삶의 과정으로 이해하여 현대 사회 발전에 능동적으로 참여하는 태도를 기른다.

27) 박정하, 「중·고등학교에서의 인문교육 현황진단 및 정책대안」, 『인문정책연구총서 2003-03』, 2003, 43쪽.

28) 박정하, 「중·고등학교에서의 인문교육 현황진단 및 정책대안」, 『인문정책연구총서 2003-03』, 2003, 42쪽.

29) 여기서 '이해'라는 말은 당시 사람들의 삶의 내용에 공감하는 수준에까지 이르는 것을 말한다.

30) 전국역사교사모임이 펴내는 『역사교육』에 소개된 여러 수업사례와 김한종이 연재한 "역사수업이론, 그 현실과 거리" 등이 그 대표적인 사례다.

31) 중등교육에서 철학 과목은 현행 제7차 교육과정에서 일반 선택과목의 하나로 지정되었다가 2009년 개정 교육과정에서 고등학교 교양 교과 과정으로 지정되었다.

32) 박정하, 「중·고등학교에서의 인문교육 현황진단 및 정책대안」, 『인문정책연구총서 2003-03』, 2003, 56쪽.

33) 교육과학기술부 고시 제 2011 - 361호 별책 19(2011. 8. 9) 참조.

34) 김주아, 「2010년도 일반계 고등학교 보통교과 선택과목 개설 현황」, 『교육정책포럼』, 한국교육개발원, 2010, 39쪽 참조.

35) 홍병선 외, 「인문학 교육 실태 분석 및 진흥방안 연구」, 정책연구 2011-01, 한국교총, 한구교육정책연구소, 2011, 104~105쪽에서 재인용.

36) 조난심, 「인문학 후세대 양성을 위한 고등학교에서의 인문학 교육 강화 방안 탐색」, 『제3차 인문정책세미나 인문정책포럼』 2010년 겨울호, 경제·인문사회연구회, 2010, 23~24쪽.

37) 박정하, 「중·고등학교에서의 인문교육 현황진단 및 정책대안」, 『인문정책연구총서 2003-03』, 2003, 21~63쪽과 이상옥, 「한국 인문교육 진단모형과 정책대안의 종합적·단계적 추진전략」, 『인문정책연구총서 2003-01』, 2003, 55~61쪽을 참조.

38) 김진우, 「'商工' 시대의 인문/교양교육」, 『교양교육연구』 3권 2호, 한국교양교육학회, 2009, 35~36쪽 참조.

39) 이영호, 「대학 인문교양교육의 현황 진단 및 정책대안」, 『인문정책연구총서 2003-04』, 2003, 67쪽 참조.

40) 이러한 교육시스템에서 특기할 만한 사항은 교육단위와 행정단위 그리고 학사단위가 일치한다는 점이다. 예를 들어 국어국문과에 입학한 학생은 복수전공을 선택하지 않

는 이상 국어국문학과라는 교육 및 행정단위와 국어국문학전공이라는 학사단위 또는 연구단위가 일치한 상태에서 졸업을 하게 된다.

41) 권재일, 「인문학의 학제적 연구·교육 현황과 활성화방안」, 『인문정책연구총서 2006-01』, 2006, 102쪽.

42) 이영호, 「대학 인문교양교육의 현황 진단 및 정책대안」, 인문사회연구회, 2003, 24~27쪽 참조.

43) 김성우·최종덕, 「대학 교양교육의 위기와 인문학의 미래」, 『시대와 철학』, 한국철학사상연구회, 2009, 21~25쪽.

44) 이상욱, 「한국 인문교육 진단모형과 정책대안의 종합적·단계적 추진전략」, 『인문정책연구총서 2003-01』, 2003, 69쪽.

45) 김성우·최종덕, 「대학 교양교육의 위기와 인문학의 미래」, 『시대와 철학』, 한국철학사상연구회, 2009, 23~24쪽.

46) 인문학 영역을 사회과학의 기초 영역과 함께 문화학부의 성격을 갖는 교양학부로 전환시키는 방안은 다음의 연구에 제시되어 있다. 김경한, 「인문학의 진흥책으로서 교양학부제의 확대개편을 통한 문화학부제의 도입 연구」, 『인문정책연구총서 2002-14』, 인문사회연구회 한국교육개발원 참조, 2002.

47) "위기의 인문학 살길은…", 조선일보(2006년 9월 18일자 2면) 참조.

48) M. Heidegger, *Sein und Zeit*, Zwölfte, unveränderte Auflage, Tübingen: Max Niemeyer, 1972, 167~175쪽 참조.

49) 그렇지 않다면 다른 인기학과에 들어갈 실력이 안 되는 학생들이 어쩔 수 없이 걷게 되는 제2의 선택 정도로만 여겨지는 것이다. 이러한 현상은 필자가 철학과에 입학할 당시에도 그랬지만 2013년 현재도 마찬가지다.

50) 최미리, 「미국의 자유학문대학 연구」, 『미국과 한국 대학의 교양교육 비교』, 2001 참고.

51) Breneman(1994), 7쪽, 최미리(2001)에서 재인용.

52) http://www.stjohnscollege.edu 참조.

53) Donald Asher, *Cool Colleges*, 2000, 198쪽.

54) http://en.wikipedia.org/wiki/St._John's_College.

55) 전체 목록을 요약한 것임.
     자세한 내용은http://www.stjohnscollege.edu/academic/ANreadlist.shtml 참조.

56) 세인트존스 대학교에서는 모든 교수들이 튜터(tutor)라는 명칭으로 불린다.

57) Higher Education Data Sharing Consortium, http://www.e-heds.org.

58) 세인트존스 대학교의 각종 순위와 관련하여서는 다음의 자료를 참조하였다.
     http://en.wikipedia.org/wiki/St._John's_College.

59) http://web.reed.edu/ir/phd.html.

60) 로렌 포프 저, 김현대 역, 『내 인생을 바꾸는 대학』, 한겨레출판사, 2006, 479쪽.

61) http://reed.edu 참고.

62) http://academic.reed.edu/humanities/hum110/syllabus/index.html.

63) 리드 대학 순위와 관련하여서는 다음의 사이트를 참고하였다.
    http://en.wikipedia.org/wiki/Reed_college.

64) 희랍어 Philosophia에 유래한 Philosophy를 떠올릴 수 있다. 철학은 philo와 sophia의
    합성어로 'philo'는 '사랑하다', '좋아하다'라는 뜻을 지니는 반면, 'sophia'는 '지혜'라는
    의미를 가지고 있다. 즉, 철학이란 '지혜(진리)에 대한 사랑'을 뜻한다.

65) 고병권, 『니체의 위험한 책, 짜라투스트라는 이렇게 말했다』, 2008, 그린비, 127~136쪽.

66) 고병권, 2008, 127~136쪽.

67) 에리히 프롬, 황문수 역, 『사랑의 기술』, 문예출판사, 2006. 69~110쪽.

68) 에리히 프롬, 『사랑의 기술』, 70쪽.

69) 에리히 프롬, 『사랑의 기술』, 34~38쪽.

70) 에리히 프롬, 『사랑의 기술』, 52쪽.

71) 에리히 프롬, 『사랑의 기술』, 45쪽.

72) 에리히 프롬, 『사랑의 기술』, 31쪽.

73) 알랭 바디우, 조재룡 역, 『사랑 예찬』, 길, 2010, 55쪽.

74) 에리히 프롬, 『사랑의 기술』, 172쪽.

75) 셸리 케이건, 박세연 옮김, 『죽음이란 무엇인가』, 엘도라도, 2012, 246~248쪽.

76) 셸리 케이건, 박세연 옮김, 2012, 249쪽.

77) 셸리 케이건, 박세연 옮김, 2012, 249~57쪽.

78) 셸리 케이건, 박세연 옮김, 2012, 267~73쪽.

79) 셸리 케이건, 박세연 옮김, 2012, 280쪽.

80) 셸리 케이건, 박세연 옮김, 2012, 282~86쪽.

81) 두산백과사전 참조.

82) 2차 세계대전 후 세계 경제 재건을 위해 만들어진 국제기구 OECD의 발족으로 경제발
    전과 함께 회원국 국민들의 소득이 늘고, 질병도 점차 감소하는 등 회원국들은 점차 경
    제적 회복을 하게 되었다. 하지만 이와 함께 사람들의 마음의 병, 자살 등 사회문제 역
    시 심각해지면서 각국 정부에서는 자연스럽게 기존의 경제성장만을 추구해 온 기존 정
    책에 대해 반성을 하는 계기가 되었고 국내총생산(GDP)만으로 측정할 수 없는 인간의
    가치를 생각하게 되었다. 이를 계기로 하여 OECD의 행복지수 평가가 만들어지게 된
    것이다.

83) 2013년 경제협력개발기구(OECD) 발표 자료.

84) 부탄 개황(2012), 외교부.

85) 임석진 외 편저, 『철학사전』, 중원문화, 2012.

86) 벤담은 다음과 같이 주장하고 있다. "자연은 인류를 고통과 쾌락이라는 두 군주의 지배 아래 두었다. 우리가 무엇을 하게 될 것인지를 결정하는 것은 물론 우리가 무엇을 해야 할지를 정하는 것도 오로지 이 두 군주에 달려 있다."

87) 서선미, 「J.S. Mill의 행복 개념 연구」, 한림대학교 대학원 석사학위논문, 2003, 26~66쪽.

88) 밀은 다음과 같이 '쾌락에는 질적 차이가 있다'고 강조한다. "배부른 돼지가 되기보다는 배고픈 인간이 되는 편이 낫고, 만족해하는 바보가 되기보다는 불만족스러운 소크라테스가 되는 것이 낫다."

89) J.S. Mill, *Utilitarianism*, 제2장.

90) 홍병선, "행복에 대한 인문학적 성찰", 『시민 인문학』 제21호, 경기대학교 인문과학연구소, 2011, 83쪽.

91) 다른 것에 대한 목적이 아닌 그 자체로 바라는 것.

92) Aristotle, 최명관 역, 『니코마코스 윤리학』, 서광사, 2001, 34쪽.

93) 존재론적 증명에 관하여 데카르트는 다음과 같이 말하고 있다. "지금 내가 어떤 것의 관념을 내 생각에서 끌어 낼 수 있다는 사실로부터, 내가 이 사물에 속한다고 명석판명하게 지각한 모든 것이 실제로 이 사물에 속하고 있음이 귀결된다면, 이로부터 나는 또한 신의 현존을 증명할 수 있는 논증을 얻을 수 있지 않을까? 확실히 나는 임의의 도형이나 수의 관념과 마찬가지로 신, 즉 최고로 완전한 존재자의 관념을 내 안에서 발견하고 있다. 내가 또 어떤 도형이나 수에 대해 증명한 것이 이 도형이나 수의 본성에 속하고 있음을 명석 판명하게 인식하듯이, 항상 현존한다는 것이 신의 본성에 속하고 있음도 마찬가지로 인식한다. 그러므로 지난 며칠 동안 성찰했던 것이 모두 참이 아니라고 하더라도, 신이 현존한다는 것은 수학적 진리가 갖고 있는 것과 적어도 동등한 확실성을 갖고 있어야 한다."
프레드A.웨스트팔 저, 양춘흠, 기종석 옮김, 『어떻게 철학을 할 것인가』, 까치, 1990, 77~81쪽.

94) 프레드A. 웨스트팔, 양문흠, 기종석 옮김, 1990, 81~87쪽.

95) 프레드A. 웨스트팔, 양문흠, 기종석 옮김, 1990, 87~89쪽.

96) 약육강식의 끔찍한 투쟁이 있고, 홍수 지진 가뭄 등도 있으며, 짐승 사이에서도 비정상적인 현상들이 일어난다. 더군다나 인간 세계에서는 조화보다는 더 많은 갈등과 부조리가 지배한다 할 수 있다. 그래서 어떤 사람들은 오히려 바로 이런 부조리 때문에 신의 존재를 받아들일 수 없다고 한다. 왜 정직한 사람은 고난을 받으며 악한 사기꾼들은

호화스럽게 살 수 있는가? 더군다나 이디오피아의 어린이들은 무슨 죄를 지었기에 그렇게 비참하게 굶어죽어야 하는가?

97) 김상현, 칸트「판단력 비판」,『철학사상』별책 제5권 6호, 서울대학교 철학사상연구소, 2005, 181~184쪽.

98) 자유의지(free will)는 자신의 행동과 결정을 스스로 조절·통제할 수 있는 힘 혹은 능력이다. 인간이 자유의지를 전적으로 갖는지, 부분적으로 갖는지 혹은 전혀 가지고 있지 않은지에 대해 아직도 논란이 이어지고 있다.

99) 로크의 예) 어떤 사람을 잠든 사이에 마치 무릉도원처럼 꾸민 방에 몰래 옮겨 놓고 밖에서 문을 잠근 채로 나갔다고 하자, 그는 잠에서 깨어나자 주위의 황홀한 광경에 즐거워하면서도 한편으로는 어리둥절해 한다. 그는 어떻게 해서 그곳에 오게 되었는지 모르지만 행복감에 젖어 그곳에서 그대로 머무르고 싶은 생각이 들면서도 한편으로는 자기가 본래 있었던 곳으로 가고 싶은 생각도 든다. 따라서 그곳에 그대로 머무를 것인가 말 것인가를 생각하게 된다. 그러나 방문이 잠겨있기 때문에 그 방을 나가는 것은 그의 능력 안에 있지 않다.

100) E. L. Beardsley, "Determinism and Moral Perspective," *Philosohpy and Phenomenology Research*, 1964, 12쪽.

101) 김재호, 칸트『윤리형이상학 정초』(해제),『철학사상』제7권 제14호, 서울대학교 철학사상연구소, 2006.

102) A. J. Ayer. *Freedom and Necessity*, in G. watson, ed, Free will(oxford: Oxford University press, 1982), 22쪽.

103) 그들은 그 표현이 사실에 있어서는 어떤 가정문으로 다시 번역될 수 있다고 말한다. 즉 "X가 행위 A를 자유롭게 하였다"라는 말은 "X가 A를 욕구했기 때문에 내지는 그것을 하기 원했기 때문에 A를 하였다"라는 문장으로 번역될 수 있다면 "X가 A를 하지 않을 수도 있었다"는 문장은 "만일 X가 A를 하지 않을 것을 원했더라면 A를 하지 않았을 것이다"라는 문장으로 고쳐 쓸 수가 있다는 것이다. 반대로 "X가 A를 할 수도 있었다"는 문장은 "X가 A를 하기로 마음먹었더라면 A를 했을 것이다"라는 문장을 의미한다. 양립가능론자들은 X의 행위 A가 설사 이전의 원인에 의한 결과로 필연적으로 일어났다는 것이 사실이라고 해도 위의 문장은 성립하며 그러한 보다 진전된 의미에서 자유의지론과 결정론은 양립이 가능하다고 말하고 있다.

104) 우리는 일상을 살아가면서 행위자가 자신이 했던 행위 말고 다른 행위를 할 수 있었는지를 결정할 기준을 가지고 있으며, 이러한 기준은 '다르게 행위할 수 있었다'의 의미를 결정한다. 그리고 이러한 문구의 의미를 아는 것은 곧 그러한 기준을 어떻게 적용할 것인가를 아는 것이 된다. 그리고 이러한 기준은 결정론에 대해 전혀 언급하지 않

기 때문에, 자유의지와 결정론이 양립불가능하다고 생각하는 사람은 누구나 오류에 빠져 있는 것이다.

A. Flew, *Divine Omniscience and Human Freedom*(London: SCM press, 1955), 149~51쪽.

105) 정의(正義)에 대한 사전적 의미는 1. 진리에 맞는 올바른 도리, 2. 바른 의의(意義), 3. 〈철학〉 개인 간의 올바른 도리. 또는 사회를 구성하고 유지하는 공정한 도리로 규정하고 있다.

106) 플라톤, 최명관 역, 『플라톤의 대화』, 종로서적, 1984, 37~86쪽.

107) 마이클 샌델, 이창신 역, 『정의란 무엇인가』, 김영사, 2010 참조.

108) 마이클 샌델, 이창신 역, 2010 참조.

109) 아리스토텔레스, 홍석영 역, 『니코마코스 윤리학』, 풀빛, 2005 참조.

110) Rawls, J. A Theory of justice, Cambridge, Mass.: Harvard University Press, 1971, 137쪽.

111) Rawls, 1971, 17쪽.

112) Rawls, 1971, 113쪽.

113) Rawls, 1971, 343쪽.

114) Beauchamp, 1991, 342쪽.

115) Wetlesen, 1986, 121쪽.

116) 지그문트 롤랜드, 손환·임석원 옮김, 『스포츠 윤리학』, 철학과현실사, 2011, 78쪽.

117) 지그문트 롤랜드, 손환·임석원 옮김, 2011, 78쪽.

118) 롤즈는 사람들이 협력을 통해 자신의 목적을 달성하기 위하여 사회를 구성한다고 말한다. 그러나 이들의 이해관계가 서로 상충하기 때문에 상반되는 이해관계를 조정하고 제한하는 원칙이 필요하다. 이런 원칙은 상반되는 이해관계를 조정하기 위해, 사회 기본구조에 적용되어야 하는 까닭에, 정의의 원칙이며, 또한 이 원칙을 선택하는 합의 당사자들의 개인적 지위와 직위를 모르는 입장에서 모든 사람에게 동등하게 적용될 원칙을 선택하는 것이 합당할 것이다.
출처: 롤즈 『정의론』(해제), 장동익, 2005 참조.

119) 공리주의는 최대의 선을 산출하는 규칙과 제도가 정의롭다고 말할 것이다. 공리주의의 효율성 원리는 전체적인 총량의 최대치를 산출하는 규칙과 제도를 선택하도록 한다. 정의라는 것은 단지 최대의 전체적인 선을 산출하는 것이며, 총량의 최대치와 정의가 별개로 구별되는 것이 아니다. 따라서 공리주의적 정의관은 어떤 규칙과 제도가 정의롭기 때문에 선택되는 것이 아니라, 그 규칙과 제도가 전체적인 총량의 최대치를 갖기 때문에 선택되는 것이며, 정의로운 것이다.
출처: 롤즈 『정의론』(해제), 장동익, 2005 참조.

120) Rawls, 1971, 137쪽.

121) (Rawls, 1971, 17쪽), 지그문트 롤랜드, 손환·임석원 옮김, 『스포츠 윤리학』, 철학과현실사, 2011, 80~1쪽.

122) 지그문트 롤랜드, 손환·임석원 옮김, 2011, 85쪽.

123) J. Rawls, 1971, 343쪽.

124) 평등의 이념: 인류의 역사는 '사람' 개념의 외연의 확장 과정이라고 말할 수 있다. 사람 개념의 외연의 확장이란 사회에서 '평등'이라는 원리 아래서 '사람'으로 인정받는 사회 구성원의 비율이 확대됨을 의미한다. 오늘날 대개의 사회에서는 '평등'이 사람들 사이의 관계 규정의 으뜸으로 통한다. 현대 한국의 헌법도 인간의 권리 가운데서도 그 첫 번째의 것으로 '평등'을 내세우고 있다.
출처: 철학의 주요개념, 백종현, 2004, 참조.

125) 지그문트 롤랜드 지음, 손환·임석원 옮김, 2011, 101~3쪽.

126) 이 사례는 Perelman, 1980: 1-23에 기초하고 있다.

127) 존롤즈 저, 황경식 역, 『정의론』, 이학사, 2003 참조.

128) 지그문트 롤랜드 지음, 손환·임석원 옮김, 2011, 101쪽.

129) 지그문트 롤랜드 지음, 손환·임석원 옮김, 2011, 104쪽.

130) 지그문트 롤랜드 지음, 손환·임석원 옮김, 2011, 105쪽.

131) 지그문트 롤랜드 지음, 손환·임석원 옮김, 2011, 106쪽.

132) 지그문트 롤랜드 지음, 손환·임석원 옮김, 2011, 106쪽.

133) 지그문트 롤랜드 지음, 손환·임석원 옮김, 2011, 102쪽.

134) 지그문트 롤랜드 지음, 손환·임석원 옮김, 2011, 34~5쪽.

135) 플라톤, 이승재, 『소크라테스의 변명』, 민성사, 1994, 251쪽.

136) 르네 데카르트, 『성찰』, 문예출판사, 1997.

137) 이 이론에 대해 설명할 수 있는 가장 좋은 사례로 피니어스 게이지의 유명한 일화가 있다.
Bear, Mark F., Barry W. Connors, Michael A. Paradiso, 『Neuroscience: Exploring the Brain』, Lippincott Williams&Wilkins, 2006.

138) 7자유과: 문법(文法)·수사학(修辭學)·변증법(辨證法)·산술(算術)·기하(幾何)·음악(音樂)·천문(天文)의 칠과(七科)를 가리킨다. '자유(自由)'란 고대적 관념에서 자유인에 어울리는 교양이라는 의미로서 자유교과의 사상은 고대에 그 원천을 두고 있으며 7교과로 한정되었다.

139) 메리 앤 스타니스제프스키 저, 박이소 역, 『이것은 미술이 아니다』, 현실문화연구, 2011.

:: 찾아보기

:: 프로필

홍병선

중앙대학교 교양학부대학 교수(철학)

중앙대학교 산업창업경영대학원 문화예술경영학과장

한국교총 대학교육위원회 위원(부위원장)

행정, 외무고시(PSAT) 검토 및 출제위원(2009~2012)

한국교양교육학회 부회장 / 국립중앙도서관 도서 추천위원(서양철학)

대한민국 국회도서관 자료 및 도서 추천위원

문화체육관광부 2011-2012년 우수도서 추천위원

한국과학기술기획평가원 녹색성장이슈발굴위원회 위원

저서 『현대인식론 논쟁』(2006), 『서양근대철학의 열 가지 쟁점』(2006), 『그리스신화의 철학적 사유』(2010), 『과학기술과 철학의 만남』(2011), 『성공과 행복의 교향악』(2012), 『예술에서의 상상력』(2012), 『지식의 본성』(2012) 외 다수.

논문 "철학적 방법론을 적용한 음악기초교육의 대안 모색" 〔교양교육연구〕 7권 1호, 2013, "비판적 사고가 갖는 철학적 함의"(2011), "행복에 관한 인문학적 성찰"(2011), "과학기술문명의 본질과 환경문제"(2010), "대학교육에 대한 사회적 요구와 대안 모색"(2009), "상상력의 철학적 근거"(2008), "글쓰기 교육의 대안적 모델로서의 논증적 글쓰기"(2008) 외 다수.

서민규

중앙대학교 교양학부대학 강의교수

뉴욕 주립 대학교(버팔로) 철학박사

저서 『글로벌 시민정신』(연경문화사, 2013), 『Critical Realism and Spirituality』(Routledge, 2012).

논문 '비판적 사고와 창의적 문제해결'(교양교육연구, 2012) 등.

최현철

중앙대학교 교양학부대학 강의교수 및 호서대학교 교양학부 겸임교수

중앙대학교 대학원 철학박사

저서 및 역서 『과학기술과 철학의 만남』, 연경문화사, 2011.

『창의적 문제해결을 위한 논리세우기』, 연경문판사, 2011.

『과학철학의 형성』, 지만지, 2009.

『언어를 통한 논리학 입문 : 의미와 논증』, 철학과 현실사, 2011.

김장용

중앙대학교 예술대학 공예전공 교수

동경예술대학 도예전공 석사

현재 한국공예가협회, 한국미술협회, 한국현대도예가회, 경기디자인협회, 한국조형
디자인학회, 한국도자학회, 국제도예교육교류학회(ISCAEE)

저서 및 역서 『예술에서의 상상력』, 연경문화사, 2012.

『알몸 엑스포메이션』, 어문학사, 2010.

『Ex-formation 女』, 어문학사, 2011.

최수정

고려대학교 미술교육과 및 동 대학원 졸업

현) 평택미술협회 사무차장

2002, 2003 경기미술대전 특선, 입선

2005 IT마스터 과정 디자인 우승

2009 코마스 국제 교류전, 세계평화미술대전 입선, 모란미술대전 입선

2009 경향미술대전 입선

2010 홍콩 모던아트 페스티발

2011 소사벌 국제 아트 엑스포
2013 한국미술협회 협회전

이재덕

중앙대학교 대학원 문화예술경영학 석사
평택문화원 이사
민세기념사업회 이사
(주)삼보텔레콤 대표이사

이수경

중앙대학교 대학원 문화예술경영학 전공
(주)엔컴패스 문화사업1본부 팀장

이승재

중앙대학교 대학원 문화예술경영학 전공
(주)센세이션엠에스 대표이사

유정원

중앙대학교 대학원 문화예술경영학 전공

강지연

중앙대학교 대학원 문화예술경영학 전공
현) (사단법인)국제음악교류협회 이사장

박지연

중앙대학교 대학원 문화예술경영학 전공
㈜유티앤티 대표이사
2010–2013 현재, 아리수명예홍보대사
2011 국기원 특별위원회 위원
2010 국기원 교육정책위원회 위원
2010 통일문화연구소 사외이사

김아름

충북대학교 미술과 시각디자인 전공
중앙대학교 대학원 문화예술경영학 전공

김윤지

중앙대학교 대학원 창업경영학 전공
前 월간 〈터치〉 영화에세이 기고
유초등부, 청소년부 교재기획 및 컨설던트
팻머스 크리스천 컨텐츠 그룹 공연기획 마케팅 실장

오세강

중앙대학교 대학원 문화예술경영학 전공
강릉 MBC 방송제작국 보도부 차장
전) 청주 MBC 편성제작부 CG
한국컴퓨터아트협회 정회원
영국 QUANTEL EDIT BOX Training 수료

서혜윤

중앙대학교 대학원 문화예술경영학 전공
나은소리에듀테인먼트 대표
인천국제공항 출입국관리사무소 홍보대사
한중수교 20주년 기념 운남성 문화교류 순회공연
중국 운남성 문화교류 홍보대사

인문학적 상상력

초판 1쇄 발행일 2013년 08월 23일

지은이 홍병선·서민규·최현철·김장용·최수정·이재덕·이수경·이승재·유정원
　　　　강지연·박지연·김아름·김윤지·오세강·서혜윤
펴낸이 박영희
편집 배정옥·유태선·김미령·박희경
인쇄·제본 AP프린팅
펴낸곳 도서출판 어문학사
　　　　서울특별시 도봉구 쌍문동 523-21 나너울 카운티 1층
　　　　대표전화: 02-998-0094/편집부1: 02-998-2267, 편집부2: 02-998-2269
　　　　홈페이지: www.amhbook.com
　　　　트위터: @with_amhbook
　　　　블로그: 네이버 http://blog.naver.com/amhbook
　　　　　　　다음 http://blog.daum.net/amhbook
　　　　e-mail: am@amhbook.com
　　　　등록: 2004년 4월 6일 제7-276호

ISBN 978-89-6184-299-0 03100
정가 13,000원

이 도서의 국립중앙도서관 출판시도서목록(CIP)은 e-CIP홈페이지(http://www.nl.go.kr/ecip)와
국가자료공동목록시스템(http://www.nl.go.kr/kolisnet)에서 이용하실 수 있습니다.
(CIP제어번호: CIP2013014114)

※잘못 만들어진 책은 교환해 드립니다.